湖南河湖沿岸育人资源挖掘与应用

主　　编　王玉成　周召梅　邓　飞

主　　审　周柏林

参编人员　耿胜慧　谢费斯　毛卓夫　梁　艺
　　　　　张华金　谢　瑶　邹　颖　谭恒颖
　　　　　李　芳　陈祉亦　云　华　赵进辉
　　　　　陈　婧　彭红霞　钟　正　陈文岳
　　　　　葛肇祺

湘潭大學出版社
XIANGTAN UNIVERSITY PRESS

图书在版编目(CIP)数据

湖南河湖沿岸育人资源挖掘与应用 / 王玉成，周召梅，邓飞主编. -- 湘潭 : 湘潭大学出版社，2025. 6.
ISBN 978-7-5687-1738-0
Ⅰ. TV
中国国家版本馆 CIP 数据核字第 2025HR8225 号

湖南河湖沿岸育人资源挖掘与应用

HUNAN HEHU YANAN YUREN ZIYUAN WAJUE YU YINGYONG

王玉成 周召梅 邓飞 主编

策划编辑：丁立松
责任编辑：丁立松 李玉洁
封面设计：张丽莉
出版发行：湘潭大学出版社
社 址：湖南省湘潭大学工程训练大楼
电 话：0731-58298960 0731-58298966（传真）
邮 编：411105
网 址：http://press.xtu.edu.cn/
印 刷：长沙印通印刷有限公司
经 销：湖南省新华书店
开 本：710 mm×1000 mm 1/16
印 张：10
字 数：168 千字
版 次：2025 年 6 月第 1 版
印 次：2025 年 6 月第 1 次印刷
书 号：ISBN 978-7-5687-1738-0
定 价：88.00 元

前言

湖南北拥洞庭，河湖众多，根据湖南省人民政府官网数据，湖南省5公里以上的河流有5341条，总长度约8.5万公里，水面面积常年在1平方公里以上的湖泊156个，构成“一江一湖四水”的总体格局。“一江一湖四水”不仅滋养着湖湘大地，更承载着这片土地的历史记忆与生态未来。了解湖南，应该从“水”开始。湖南水利水电职业技术学院秉承“上善若水、求真致远”的校训，提升文化自觉，增强文化自信，贯彻落实“守护一江碧水”的绿色发展理念，积极探寻整合湖南河湖沿岸育人文化资源，将挖掘出的育人资源充分运用到理论学习、教育教学、实践活动、师德师风建设、品牌塑造、校园文化建设、社会培训等诸多领域，彰显以“水”育人的特色，丰富了育人体系，提高了学校育人水平、教师队伍建设水平以及社会服务水平。

全书共分为七个部分，由王玉成、周召梅、邓飞担任主编，周柏林担任主审，负责总体系统设计，对全书进行统稿并修改完善。其中，第一部分由邓飞、周召梅、李芳编写；第二部分由谢费斯、邓飞编写；第三部分由梁艺、谭恒颖、钟正编写；第四部分由邹颖、陈婧编写；第五部分由毛卓夫、邓飞、张华金、葛肇祺编写；第六部分由谢瑶、邓飞、赵进辉、云华编写；第七部分由耿胜慧、陆祉亦编写。书中照片全部由课题组及学校师生提供，主要提供者有彭红霞、周嘉懿、谢费斯、毛卓夫、谢瑶、刘妍、许好强、李杜、吴振国、李淑、陈邵锋、陈婧、云华、张琴、魏丽丽、李芳、戴娟、沈瑶、石尚璇子、陈梦娇、龚芷西、卢紫喧、肖艺、胡佳宜、陈羽婷、罗董欢、莫正霖、林炳臣、陈浚锋、周雅婷、苏宇诺、黄洪杰、张祎楠、谭俨男、邓自然、李晨宸、成楷言、姜燕芝、秦心慧、彭健一、张翔、陈哲俊、范欣、赵进辉、李杨、钟荣和、谢博毅等，在此一并感谢。

本书是湖南水利科技项目“湖南河湖沿岸育人资源挖掘与应用研究”成果之一（项目编号 XSKJ2023059-51）。

由于编写人员水平有限，书中不当之处在所难免，敬请专家和读者指正。

目录

1 湖南河湖沿岸育人资源概述

2 湖南河湖沿岸思想引领类资源应用

3 湖南河湖沿岸志愿服务类资源应用

4 湖南河湖沿岸实习实训类资源应用

5 湖南河湖沿岸水利文化类资源应用

6 湖南河湖沿岸生态体验类资源应用

7 湖南河湖沿岸育人资源的数字化应用

1 湖南河湖沿岸育人资源概述

——湘、资、沅、澧四水沿岸拥有丰富的育人资源，这些资源不仅数量众多，而且类型多样，为教育提供了广阔的发展空间。

育人资源涵盖一切具有教育价值之要素，在教育领域，育人资源是支持学生学习和发展的重要元素，它们可以是物质的，也可以是非物质的；可以是自然的，也可以是人为的；可以是历史的，也可以是现代的，是指培养人才所需要的各类支撑，包括人力、物力、财力等。湖南河湖沿岸育人资源十分丰富，从故居场馆到水库工程，从红色革命文化到传统湖湘文化，这些要素在湖南河湖沿岸展现得淋漓尽致。

三湘四水简介

“三湘四水”是湖南的代称。“四水”，指湘、资、沅、澧四条河流。“三湘”则有多种提法，以下为较流行的两种提法：一种是“漓湘”“潇湘”“蒸湘”。在汉代属零陵郡管辖的广西北部阳朔山立有一块“湘漓分派”石碑，这里是湘漓二水的分水岭，人们通称“漓湘”。湘水入零陵，与潇水汇合，称“潇湘”。潇湘二水滚滚流到衡阳，与蒸水合流，称“蒸湘”。此说是以湘水流域概称湖南。另一种提法是“潇湘”“蒸湘”“沅湘”。湘江上游一带称“潇湘”，中游一带称“蒸湘”，下游一带与沅水汇合后称“沅湘”。“沅湘”之称古已有之，屈原有“浩浩沅湘，分流汩兮”的诗句。①

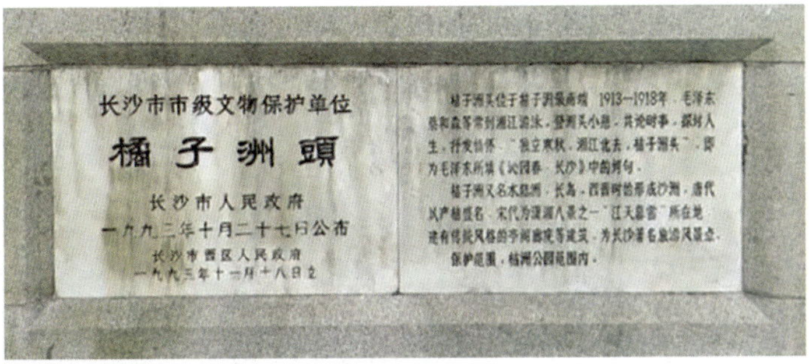

橘子洲头

湘江是长江流域洞庭湖水系主要河流，分为广西段、湖南段两部分，全长948公里，干流全长856公里，湖南境内670公里，著名的橘子洲位于湖南省

① 2020湖南简况手册 江河湖泊 . http：//www. hunan. gov. cn/topic/2020hnjksc/jkscdlrk/202012/t20201222_ 14056017. html［EB/OL］. 湖南省人民政府，2020-12-22.

长沙市岳麓区的湘江中心。湘江支流众多，主要有：潇水、舂陵水、耒水、洣水、渌水、浏阳河、祁水、蒸水、涓水、涟水、沩水等。在支流中，以多发源于湘南和湘东山区的右岸支流居多，流域面积大，全流域呈不对称树枝状水系。

资江，长江支流，又称资水，流域面积28142平方公里，干流自河源到益阳共长653公里。资水有两个源头，左源赧水发源于城步苗族自治县北青山，右源夫夷水发源于广西资源县越城岭，两水于邵阳县双江口汇合称资江，干流西侧山脉迫近，流域呈狭带状；上、中游河道弯曲多险滩，穿越雪峰山一段，陡险异常，有“滩河”“山河”之称。资江流经邵阳、新化、安化、桃江、益阳等市县，于益阳市甘溪港注入洞庭湖。[①]

资江新化段

① 岳阳市河湖水系概况 . http：//swj. yueyang. gov. cn/6855/6879/30424/30429/content_ 1746597. html［EB/OL］. 岳阳市水利局，2022-10-19.

沅江全长1033公里，流域面积89163平方公里，有南北两源，南源龙头江发源于贵州省都匀市云雾山；北源重安江发源于贵州省麻江县平越大山，沿途接纳巫水、溇水、辰水、溆水、酉水等支流，于常德德山注入洞庭湖。自河源到黔城清水江为上游，黔城到沅陵为中游，沅陵以下为下游，德山以下称尾闾。

澧水为“四水”中最小的河流，发源于桑植县杉木界，沿途接纳娄水、渫水、道水和涔水等支流，至津市小渡口注入洞庭湖。全长388公里，流域面积18496平方公里。桑植南岔以上为上游，南岔至石门为中游，石门以下称为下游，小渡口以下称尾闾。

沅江一级支流溇水河（芷江段）夜景

河湖沿岸与育人资源的界定

沿岸通常被用于海洋概念范畴，指在沿海地区的边界线或海岸线周围的一个特定区域，如果从距离上测算，沿岸区域是指位于近海区域以外，但离陆地相对较近的海域，这个区域一般是指离岸不超过 200 海里的海域，通常包括海岸线、海滩、河口、港口、岛屿等自然和人造景观元素。

沿岸地区是人类活动最为集中的地区之一，也是经济、文化、社会发展的重要区域，因此沿岸地区的概念界定对于规划和管理沿海地区具有重要的意义。沿岸地区的概念因国家、地区和语言文化的不同而有所差异，但通常都涉及沿海地区的开发和利用、环境保护、资源管理等方面的问题。

中国东海南端 福建省厦门市

关于河湖沿岸的范畴，目前学界还没有统一的界定，从字面意义上来看，是指沿着河流和湖泊周围的地区或者地带。不同领域对河湖沿岸的概念理解也有差异，在环境保护领域，河湖沿岸的概念可以帮助人们更好地保护和管理河流和湖泊周围的生态系统，一般河道两侧 10 米范围是河岸绿线，也是河岸保护线。在城市规划领域，河湖沿岸的概念可以帮助人们更好地利用和保护河流和湖泊周围的土地资源，根据相关研究，有学者提出河道范围是指自然界溢出河岸线 100 米以内的地带，或者人工筑堤后护堤线以内的地带。根据 2019 年水利部印发的《河湖岸线保护与利用规划编制指南（试行）》，河湖岸线是指河流两侧、湖泊周边一定范围内水陆相交的带状区域，带状区域由临水边界线和外缘边界线组成。对于有堤防的河段，外缘边界线可采用已划定的堤防工程管理范围的外缘线（即背水侧护堤地边线）；对于无堤防的河湖，将已核定的历史最高洪水位或设计洪水位与岸边的交界线作为外缘边界线。①

湘江沿岸

从教育资源视角来看，河湖沿岸不能用距离简单地予以理解，而是应从河湖沿岸的自然生态、场馆等是否对人具有教育意义等方面进行考量。

① 水利研究 河湖管理范围划定相关要求与若干问题思考［EB/OL］. http：//mwr. guizhou. gov. cn/ztjj/rdzt/srsshzzzldstzl/gzdt/202302/t20230203_ 78093628. html. 贵州省水利厅，2023-2-3.

一是自然教育：通过观察河湖的自然风光和生态景观，学生们可以了解自然环境和生态系统的运作规律，提高环境保护意识。

二是历史文化教育：河湖沿岸拥有丰富的历史文化遗产和传统文化景观，通过参观和学习这些景点，学生们可以深入了解中国的历史文化和民族精神。

三是科学实验教育：河湖沿岸的资源可以为科学实验提供很好的素材和场所，如地理学、水文学、生态学等领域的学生可以在这里进行实地考察和实验操作，提高实践能力和科学素养。

四是艺术教育：河湖沿岸的美景和历史文化景观也为学生们的艺术创作提供了丰富的素材和灵感来源。学生们可以通过绘画、摄影、文学等方式表达对这片土地的情感和理解。

五是责任教育：河湖沿岸是开展水利志愿服务的很好的平台，在河湖沿岸，志愿者们可以开展多种形式的志愿服务，比如清理垃圾、植树造林、巡查河道等。这些活动不仅可以帮助保护河湖环境，还可以提高公众对水利工作的认识和重视。

江垭水库

育人，即教育人、培养人，包括德、智、体、美、劳五个方面的内容，目的是使教育对象能全方位地发展。资源，即一切可被人类开发和利用的物质、精神的总称，从资源分布来看，包括自然资源和社会资源两类。育人资源就是指教育者所开发和利用的所有物力资源、财力资源和人力资源的总和。这些资源是学校、家庭、社会和自然环境等教育活动场所中，能够满足受教育者德、智、体、美、劳全面发展的客观条件和可利用的教育资源。对各种资源进行计划、组织、指挥、协调和控制的过程包括对教育资源的获取、整合、配置、使用和评估等环节，以确保这些资源能够有效地促进教育对象的发展。

河湖作为自然资源的重要组成部分，其沿岸区域同时融合了丰富的社会资源属性，这种自然与社会的双重特性，使河湖沿岸成为极具价值的综合育人资源库。在自然资源维度，河湖沿岸拥有独特的生态环境系统，包括多样化的水文特征、气象现象和地质形态，这些自然要素为开展生态教育和科学考察提供了理想场所；在人文资源方面，河湖沿岸积淀着深厚的历史文化底蕴，包括传统民俗、红色遗迹和非物质文化遗产，如长江干流岸线就承载着丰富的文化记忆，这些资源对于培养学生的人文素养具有独特作用；在技术资源层面，沿岸的水利工程设施（如水电站、堤防系统）和现代水利技术应用场景，为学生提供了直观的专业认知平台，通过实地考察水利枢纽、参与水循环实验等实践活动，学生能够深入理解水力发电原理、水资源管理等专业技术知识。多维度的资源整合，有效拓展了水利职业教育的教学手段与内容体系，通过系统开发河湖沿岸的自然观察点、文化考察路线和工程实训基地，可以构建起理论实践深度融合的教学模式，为培养新时代复合型水利技术人才提供重要支撑。

湖南河湖沿岸育人资源梳理

湖南，作为一个拥有丰富水系资源的省份，河湖沿岸有优美的景色、深厚的文化底蕴和丰富的育人资源。为了更好地对湖南河湖沿岸育人资源进行梳理，根据资源类型的不同，本书结合湖南省河湖自然生态、人文等因素，从水利志愿服务类、实习实训类、水利文化类、思想引领类、生态体验类等层面进行简要梳理。

祁东县乌山冲水库自然生态环境

水利志愿服务类：湖南地处云贵高原向江南丘陵过渡和南岭山脉向江汉平原过渡的地带，又属于大陆性亚热带季风湿润气候，因此拥有得天独厚的自然风光，河湖自然生态是一道亮丽的风景线，大大小小的河流和湖泊星罗棋布，如同自然界精心打造的瑰宝，装点着这片富饶的土地。保护河湖生态，守护好一江碧水，是新时代水利青年应有的责任，开展以巡河净滩、爱水、护水等为主题的志愿服务活动，对实现河畅、水清、岸绿、景美的水生态环境意义重大。

实习实训类：湖南的水利工程众多，如犬木塘水库工程、莽山水库工程、毛俊水库工程、椒花水库工程、大兴寨水库工程等，根据湖南省水利厅数据，截至 2022 年湖南拥有千吨万人工程 1001 处，千人工程 6479 处，千人以下工程 23585 处。① 湖南的水利工程，意义重大，它们不仅为湖南的农业发展提供

① 省厅联合省统计局发布部分水利工程基本数据［EB/OL］. http：//slt. hunan. gov. cn/xxgk/slxw/slxw_ 1/202204/t20220424_ 22745842. html. 湖南省水利厅，2022-04-24.

了重要的支持，也对湖南的防洪抗旱工作发挥了重要的作用。水利工程具有深远的教育价值，它不仅可以帮助学生了解水利工程的基本知识，还可以培养学生的实践能力、创新能力和团队协作能力，这些能力对于学生未来的职业发展具有重要意义。

衡山脚下的湖泊美景

水利文化类：湖南是水利大省，水文化载体多样，水文化底蕴厚重。2022年，湖南省水利厅与省文化和旅游厅联合下文，印发《湖南省水文化建设规划（2021—2035年）》（以下简称《规划》），用以指导全省开展水文化建设。《规划》以水文化建设为主线，谋划水文化保护、传承、弘扬、利用目标，提出发掘水文化资源、保护水文化遗产、打造水文化品牌、提升工程文化品质、繁荣水文化事业、培育水文化产业等六大举措，统筹推进湖南省水文化建设。

除此之外，湖南河湖沿岸文化场馆众多，既有历史古迹也有红色文化遗迹，既有名人故居也有博物馆，如洞庭湖畔的岳阳楼、湘江沿岸的杜甫江阁、潇水河畔的文昌阁、涟水河畔的镇湘楼等。此外，湖南古属荆楚之地，河湖沿岸历史遗迹众多，这些建筑和桥梁多为古代先民所建，具有很高的历史价值和艺术价值。这些遗迹不仅是湖南历史文化的瑰宝，也是中国古代文明的见证，比如汨罗江畔的屈子祠、潕水河畔的荆坪古村、涓水河畔的葛氏宗祠、洞庭湖畔的湘妃祠、浏阳河畔的陶公庙、沱江河畔的凤凰古城等。

沱江 凤凰古城 民族文化

沱江 凤凰古城 虹桥夜景

沱江凤凰古城是中国历史文化名城之一，是湖南的十大文化遗产之一，有着悠久的历史和文化背景，这座美丽的小城，现有文物古建筑 60 多处，古遗址 100 多处，明清两代特色民居建筑 120 多栋，还有明清石板古街道 20 多条。凤凰古城以回龙阁古街为中轴，连接无数的石板小巷，沟通全城，是中国西南文物建筑最多的县域，这里有沈从文故居、虹桥、朝阳宫等建筑。在民族风情方面，凤凰古城有汉族、土家族、苗族、回族、瑶族、侗族、白族等 28 个民族。

杜甫江阁

思想引领类：湖南红色文化众多，底蕴深厚，除了著名的毛泽东故居、刘少奇故居等名人故居外，还有许多革命遗址和纪念地，如平江起义旧址、秋收起义纪念馆等。这些遗址和纪念地不仅见证了湖南人民为民族独立和人民幸福而艰苦卓绝斗争的历程，也传承了红色基因，激励着人们继续为实现中华民族伟大复兴的中国梦而奋斗。习近平总书记在湖南考察时指出：“湖南是一方红色热土，走出了毛泽东、刘少奇、任弼时、彭德怀、贺龙、罗荣桓等老一辈革命家，发生了秋收起义、湘南暴动、通道转兵等重大历史事件，大批共产党人在这片热土谱写了感天动地的英雄壮歌。要教育引导广大党员、干部发扬革命传统，传承红色基因，牢记初心使命，走好新时代长征路。"① 这其中很多故事、场馆、遗迹等都位于河湖沿岸。

生态体验类："十四五"期间，湖南致力于打造一批湖南省河湖馆及配套设施，比如为弘扬湖湘水文化，已建或在建的有湖南省水利科普展示中心、长沙市岳麓区靳江河水文化长廊、"大禹治水"文化景观长廊、湖南省水文展示厅、湘江流域水文展示馆、湘江流域水文化走廊、湘江文化博物馆，再如湖南的洞庭湖湿地公园为自然观察、生态体验以及科学实验提供了绝佳场所，沿岸的国家级自然保护区、鱼鸟博物馆、"守护好一江碧水"首倡地展陈馆等为人们提供了观察湿地生态系统的运作，了解环境保护的重要性，了解湿地的生态功能和保护价值的重要平台。橘子洲头风景优美，也是人们进行户外写作、美术写生等活动的理想场所。在岳阳楼，人们可以参与历史体验活动，了解岳阳楼的历史背景和传统文化。通过亲身体验，学生们可以更加深入地理解中国的历史文化。

① 习近平．用好红色资源，传承好红色基因　把红色江山世世代代传下去［J］．求知，2021（06）：4-10.

2 湖南河湖沿岸 思想引领类资源应用

——湖南水利水电职业技术学院充分利用湖南河湖沿岸红色文化资源开展师生思想政治教育工作，育人成效明显。

湖南水利水电职业技术学院通过组织师生前往河湖沿岸红色文化场馆、名人故居纪念馆等进行学习参观，在红色文化场馆内，师生们通过许多珍贵的历史文物和照片感受到了革命先烈们在艰苦卓绝的斗争中所表现出的英勇无畏和坚定信仰，以及他们对祖国和人民的深厚感情。这些历史文物和照片让师生们更加深入地理解了红色文化的内涵和价值，接受了一次又一次生动的爱国主义教育和思想洗礼。

2022 年，在党的二十大报告中，习近平总书记强调："以社会主义核心价值观为引领，发展社会主义先进文化，弘扬革命文化，传承中华优秀传统文化，满足人民日益增长的精神文化需求，巩固全党全国各族人民团结奋斗的共同思想基础，不断提升国家文化软实力和中华文化影响力。"湖南是一片浸润着革命热血的红色沃土，在中国共产党百年奋斗历程中书写了浓墨重彩的篇章。三湘四水间，无数共产党人用生命和热血谱写了感天动地的英雄壮歌，铸就了永不褪色的红色丰碑。在秋收起义的烽火中，毛泽东同志率领工农革命军第一军第一师高举武装斗争旗帜，开辟了农村包围城市的革命道路；湘南暴动的熊熊烈火，展现了工农群众改天换地的磅礴力量；通道转兵的关键抉择，实现了红军长征的战略转折，成为中国革命走向新生的历史起点，这些重大历史事件，犹如璀璨星辰照亮了中国革命的天空。深入挖掘湖南丰富的红色资源，通过组织参观、开展场馆教学等方式，让革命文物"活"起来，使红色故事"火"起来；通过创新教育方式，运用情景教学、体验教学等模式，引导师生在重温河湖沿岸红色故事中，筑牢信仰之基；通过让师生在红色热土上接受精神洗礼，把革命先辈开创的事业不断推向前进，以更加昂扬的姿态走好实现第二个百年奋斗目标的新时代长征路。

湖南河湖沿岸名人故居、纪念馆众多，挖掘好、弘扬好、利用好这些场馆资源不仅有助于提升河湖流域治理的文化价值，更有助于将其转化为社会公众的教育资源、水利人才的培育资源以及助力湖南幸福河湖建设的文化资源。

橘子洲青春剧场

长沙橘子洲坐落在湘江江心，是湖南长沙的一处著名景点。橘子洲因湘江而具有了独特的地理优势，湘江又因橘子洲的独特文化被赋予了更加丰富的内涵，相得益彰，它们相互依存、相互促进，共同构成了一道美丽的风景线。

每当夜幕降临，华灯初上，橘子洲便展现出其独特的魅力。游人们纷纷来到这里，感受湘江的浩渺与夜色的温柔。橘子洲以其秀美的自然风光和深厚的文化底蕴吸引着众多游客。站在这里，你可以远眺湘江两岸的繁华景象，感受湖南水乡的别样风情。

在橘子洲青春剧场组织开展实景教学

这里有享誉中外的青年毛泽东艺术雕塑。2023 年，在橘子洲青春剧场上演了国内首个红色多维沉浸式青春剧《恰同学少年》，该剧聚焦毛泽东、蔡和森、向警予、陶斯咏等人的青年时代，以他们 1913 年至 1918 年间在长沙求学时的历程为戏剧情境，以青年们“问志、寻志、立志”的成长经过为叙事主线，运用多媒体艺术表达，打破时空界限，让观众在光影交织中仿佛置身“觉醒年代”，沉浸式体验一场“文化+科技”的青春热血之旅，区别于传统观演模式，《恰同学少年》让观众以行进式的观演方式亲身参与到剧情之中，实现了“入场即入戏”“人在戏中，戏随人走”的零距离观演体验。[①] 身临其境

① 人在戏中戏随人走，橘子洲沉浸式青春剧《恰同学少年》成“网红”［EB/OL］.［2023-12-17］. 长沙晚报掌上长沙，https：//baijiahao. baidu. com/s？ id=1785516455645167967&wfr=spider&for=pc.

的体验将观众带回到那个充满热血与激情的年代。演员们在舞台上生动演绎了青年学子们胸怀理想、奋发向上的精神风貌，以及他们为了民族独立和人民幸福而勇敢斗争的壮丽篇章。

《恰同学少年》的成功上演，不仅丰富了橘子洲头的文化内涵，为旅游注入了新的活力，也为激情豪迈的湘江增添了一抹红色文化气息。此外，该剧也为开展教育教学提供了一个了解历史、传承红色基因的平台。

韶山灌区陈列馆

韶山灌区陈列馆坐落于韶山灌区左干渠“韶山银河”渡槽出口处，韶山灌区动工于 1965 年 7 月，仅用了十个月的时间，就胜利建成了总干渠和北干渠，并顺利通水灌溉。2023 年 4 月 13 日，韶山灌区项目南干渠顺利通水，韶山灌区项目全线实现顺利通水。随着韶山灌区全线通水，灌区灌溉着双峰、湘乡、湘潭、宁乡、韶山、望城、雨湖七个县（市、区）约 2500 平方公里范围内的 100 万亩农田，兼具工业供水、发电、航运、防洪排涝、养殖等综合利用

韶山灌区渠道

功能，是湖南省最大的引水灌溉工程，灌区内的工程建筑巍然壮观，气势磅礴，仿佛是大地的守护者，默默守护着这片丰饶的土地，渠道纵横交错，如同大地的血脉，将清澈的水源源源不断地输送到田间地头。

在这里，人与自然和谐共生，农田与渠道相映成趣。在这里，每一滴水都承载着丰收的希望，每一条渠道都流淌着生命的活力。灌区工程，不仅是大自然的馈赠，更是人类智慧的结晶。它们默默地守护着这片土地，见证着乡村的繁荣与进步。

韶山灌区陈列馆运用图片、展板、雕塑、实景沙盘模型、3D 影院等设备，多角度、真实地再现了韶山灌区修建时的壮阔场面，展示了韶山灌区工程的宏伟面貌和产生的巨大效益，展现了韶山灌区修建的时代精神和劳动人民的智慧。

在韶山灌区陈列馆，仿佛时光倒流，人们可以目睹当年韶山灌区修建的艰辛历程。实景沙盘模型细致入微地展现了灌区的地形地貌和工程布局，使得参观者能够直观地感受到韶山灌区的规模和复杂程度。韶山灌区陈列馆是一个生动的历史课堂，每一幅图片，每一块展板，每一尊雕塑，都在无声地述说着那段艰苦卓绝的岁月。

在韶山灌区开展参观学习

3D 影院则是馆内的另一大亮点。座椅的震动和眼前的逼真画面，让人仿佛置身于当年的施工现场，亲身经历了那段热血沸腾的岁月。电影中的每一个细节，都生动地展现了韶山灌区修建的时代精神和劳动人民的智慧。

韶山灌区不仅是一项伟大的水利工程，它的修建更是一段激励人心的历史。它见证了中国人民的勇气和智慧，展示了中国人民不畏艰难、勇往直前的精神风貌。这种精神，至今仍然激励着我们，让我们在面对困难和挑战时，能够坚持不懈，勇往直前。

在韶山灌区陈列馆，每一个参观者都能够深切地感受到那种艰苦创业、无私奉献的时代精神，这种精神将永远铭刻在我们心中，成为我们不断前进的动力源泉。

陈树湘故居

陈树湘生平事迹陈列馆参观学习

陈树湘故居位于长沙县福临镇，近年来，福临镇实施关爷坝流域综合治理工程、影珠山河美丽幸福河创建工程、片区山塘清淤整修工程和小微水体示范创建工程，实现了山水田园风光与陈树湘“绝对忠诚”精神的深度融合。这种深度融合不仅赋予了福临镇独特的文化内涵，也赋予了参观学习的一种全新体验，让人们既可以在欣赏美丽的山水田园风光的同时，感受到陈树湘“绝对忠诚”的精神力量，又能深入地了解绿色湖湘的魅力，此外这种深度融合也为当地的经济和社会发展注入了新的活力。

为缅怀革命先烈，传承革命精神，增强水利学子的历史使命感和责任感，学校每年都会组织学生前往陈树湘烈士故里开展教育实践活动。

在树湘讲堂听课

活动包括在树湘纪念广场向陈树湘烈士敬献花篮，并一路穿行河道、田野、山林、池塘、茶田到达陈树湘故居，重走“忠诚之路”，在风光无限的乡村振兴图景里，感受“绝对忠诚”的树湘精神带给山乡的巨变；参观陈树湘生平事迹陈列馆，认真学习陈树湘烈士的英雄事迹；在树湘讲堂里，聆听《碧血湘江化忠魂》主题课程，了解红 34 师在湘江边向死而生的战斗历史、陈树湘断肠明志的英雄事迹。

立志村乡村振兴点

邵阳隆回立志村位于横板桥镇中南部，距隆回县城 30 公里，横罗公路、罗横溪江穿境而过。

学校党委高度重视乡村振兴工作，选优派强驻村工作队员，科学指导产业、人才、文化、生态、组织振兴等多个方面工作，加大资金保障力度，推动解决一批民生实事，真正做到权为民所用、情为民所系、利为民所谋，持续提升驻点村群众获得感、幸福感，以高质量党建推动各项工作落地见效。

学校驻隆回县横板桥镇立志村帮扶工作队连续 3 年在年度考核中获“好”等次评价，队长、队员多人获“优秀”等次评价。

坐落在罗横溪江旁的乡村振兴工作队驻地

立志，顾名思义，先立志向，再有行动。乡村振兴工作队进入立志村以来，积极探索以基层党建引领乡村振兴，突出政治引领、队伍引领、组织引领，大力发展特色产业，统筹推进河道治理，以党建主旋律引领乡村振兴“协奏曲”。驻村工作队围绕建强村党组织、推进强村富民、提升治理水平和为民办事服务等重点任务出实招硬招，有效推动驻村帮扶工作取得新进展新成效。

工作队进驻后，通过深入走访调研了解到流经村内的罗横溪江一直是老百姓的“心头病”。由于长期以来缺乏资金支持，导致该河段未得到有效治理，部分区域地势较低存在堵塞现象、整体防汛减灾能力不佳，以致每逢汛期，暴涨的河水便吞没沿河两岸的农田，甚至倒灌漫入村组道路，给群众的生命财产安全造成了严重威胁。

整治后的罗横溪江河道

如何破除地方水患困局是工作队迫切需要解决的生态难题。了解情况后，工作队意识到进行环境整治，首先就要针对“闹心河”锁定重点区域，把老百姓最关心、最直接、最现实的河道治理问题作为工作的切入点和突破点，积极借助当地政府、学校、省水利厅等多方力量改善村民生活环境，先后筹集资金帮助村里架桥修路，铺设自来水管网，安装路灯等，在生态环境建设上，村内以河道治理为契机，打造生态景观河道，罗横溪江河道整治后，现已变成村里、街道群众漫步、健身、休憩的“幸福河”。

河道治理是推动打造“宜居、宜业、宜游”立志村的重要一环，它让群众直观地感受到青山绿水为立志村所创造的价值。该举措带动了地区环境改善，并且为村困难群众提供了就业岗位，促进了群众增收，形成了“环境改善-就业增收-民生保障”的良性循环。

天然假山石形成生态天然溪流

此外，工作队还开展了美丽屋场建设，基本上满足了立志村乡亲们的食住行娱等方面的需求。走进村落，沿路围墙上、房子墙壁上的特别壁画映入眼帘，有饱含引领力的金句、有富有号召力的口号、有美丽的乡村图画。院落干净整洁，邻里和谐相处，村民团结友善，乡村振兴的“一池春水”正在这里被激活，幸福生活就在眼前，村民提升了生活品质，也收获了满满的幸福感。

现在的立志村，随着乡村振兴的不断推进，随着村规民约的制定，基层治理水平、治理能力得到提升。干部走访以及学校三下乡等活动常态化开展，同时村村响、微信群、宣传手册等宣传方式的运用，正在不断引导村民摒弃陈规陋习，提高自身素质，促进乡风文明，不良观念正在转变，民风更加淳朴，村民生活愈加幸福。村民的获得感得到大幅度提升，都自发将美丽乡村建设的要求融入生活的点点滴滴中，美丽乡村建设效果显著。

辰水（金潭）岸边的魏源故居

“江在城中绕，城于江边立”，这是邵阳市最真实的写照。邵阳市位于湖南省西南部，资江上游，境内溪河密布。在邵阳市隆回县魏源故居旁，一条小河从这里款款流过。这条河名为辰水，以前又名金潭。这里有全国重点文物保护单位、湖南省第一批爱国主义教育基地——魏源故居。

魏源故居

魏源被称为近代中国“睁眼看世界”的先行者之一，他是一个进步的思想家、史学家和坚决反对外国侵略的爱国学者，湖湘文化“经世致用”的实用主义精神对魏源“师夷长技以制夷”思想的形成影响十分明显。他积极要求清政府进行改革，强调：“天下无数百年不弊之法，无穷极不变之法，无不除弊而能兴利之法，无不易简而能变通之法。”他着重于经济领域的改革，在鸦片战争前后提出了一些改革水利、漕运、盐政的方案和措施，要求革除弊端以有利于“国计民生”，认为“变古愈尽，便民愈甚”。这些主张不仅在当时具有进步意义，对于后来的资产阶级变法维新运动起了积极的推动作用。魏源“师夷长技以制夷”的先进思想对中国近代的洋务运动、维新变法等产生了较大影响，它为洋务运动、维新变法奠定了一定的思想理论基础，使得中国开始向着近现代化不断迈进，他所著《海国图志》及“师夷长技以制夷”的思想主张，在全世界产生了深远影响。①

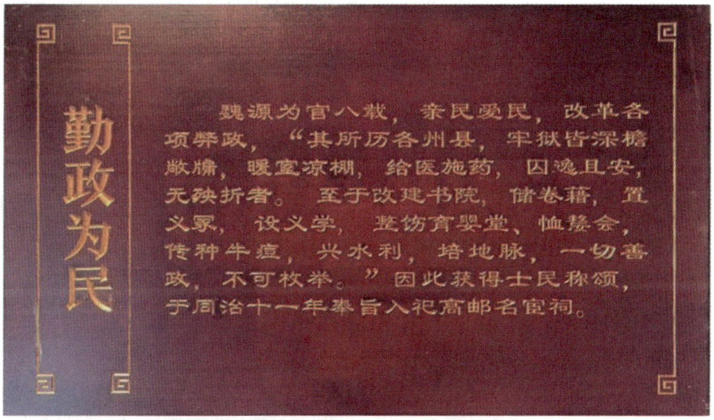

《勤政为民》故事梗概

魏源故居二楼是读书楼，在该楼层中，展示了多个与魏源有关的故事，包括《狗不识主》《家风清廉》《东台垫银》《淮扬保障》《勤政为民》等。每个故事都以独特的视角展示了魏源的人格魅力和卓越才华。通过这些故事，表明了魏源的清廉正直、对民生的关心，展示了他勤政为民、一心为民的执政理

---

① 魏源：“师夷长技以制夷”启迪“救亡图存”路径［EB/OL］.［2018-10-29］. 新华网，http：//www.xinhuanet.com/politics/2018-10/29/c_129981503.htm.

念，向人们诉说了魏源无论身居何职，都始终将百姓的利益放在首位，尽心尽力为百姓谋福祉的优秀品格。这些故事不仅展示了魏源的个人品质和才华，更是传承了中华民族的传统美德和文化精神，我们不仅能够深入了解魏源的一生，更能够感受到中国传统文化的博大精深。

通过组织师生在魏源故居开展参观学习，不仅能够拓宽视野，增长知识，更能激发对祖国历史文化的热爱和自信。在魏源故居旁，还建有魏源生平事迹陈列馆，在这个展馆中，主要分为湖湘大地育人杰、经世致用开新风、师夷长技以制夷、贤臣难酬报国志、赢得生前身后名五个部分，师生们通过展品、图片和文字资料等，深入了解魏源先生所处的时代背景、思想成就以及对中国近代史的重要贡献。魏源为官清廉，如同旁边清澈的辰水一样，在人们心中流传不息，辰水波光粼粼，水波不兴，一如魏源为官的态度，沉稳而坚定。

魏源生平事迹陈列馆开展参观学习

滁水河旁的沙洲瑶族村

沙洲瑶族村位于后龙山麓、滁水河畔，隶属郴州市汝城县文明瑶族乡，是“半条被子”故事发生地。沙洲村水系畅通、源远流长，滁水河流经沙洲4公里，曾作为红军长征驻扎汝城文明司（现文明瑶族乡）期间中央红军政治部、司令部、后勤部、卫生部的主要饮用水水源，也是目前沙洲村的唯一饮用水水源，为在汝红军和当地群众提供了赖以生存的生产生活用水条件，也见证了红军与当地群众风雨同舟、血脉相通的鱼水情深。

汝城沙洲村“半条被子”故事发生地参观学习

近年来，沙洲瑶族村以习近平生态文明思想为指导，围绕乡村振兴战略，以村为单元，以水为主线，开展农村水系综合整治与水生态保护治理，让村庄因水而美、因水而宜、因水而兴，让村民望得见山、看得见水、记得住乡愁。如今，沙洲村滁水河水系完整、水量保证、水质良好、河流畅通、生物多元、岸线优美，为沙洲红色景区增添了一条天然独特的绿色风光带，成为名副其实的河畅、水清、岸绿、景美的水美“湘”村样板村。①

滁水河淙淙汩汩，“半条被子的温暖”也始终在传承和延续。在滁水河岸，湘南起义纪念馆、“半条被子的温暖”主题陈列馆位列河岸两侧，成为滁水河岸的一道独特风景线。纪念馆与陈列馆的建筑风格古朴典雅，与周围的自然环境和谐相融，仿佛诉说着那段峥嵘岁月的故事。

“半条被子的温暖”主题陈列馆则展现了革命战争年代，人民群众对红军的深厚感情和无私奉献。馆内陈列着半条被子、草鞋等实物，让人深刻感受到人民群众和红军的相互关爱和支持。这些珍贵的文物，不仅见证了革命历史的艰辛，更传递了人民群众与红军的深情厚谊，不仅是对历史的缅怀和纪念，更是对革命精神的传承和弘扬。

攸水旁三张收据的故事

攸水见证了攸县的革命，也见证了攸县的发展和繁荣。这条河流不仅是一条自然的水道，更是一段历史的见证和传承。攸县革命历史陈列馆位于攸县酒埠江国家地质公园博物馆内，始建于 2006 年。场馆全面展示新民主主义革命时期攸县波澜壮阔的革命斗争历程以及攸县人在全国各地浴血奋战的革命壮举，包含“革命史话”和“攸水赞歌”两个主题展示区，通过 127 件展陈品再现湘赣革命根据地时期攸县光辉革命历史，重温攸县籍革命先驱英勇故事，其中三张收据的故事尤为引人深思。

这三张收据，记录了攸县籍革命先驱在艰苦岁月中的坚定信仰和英勇斗争。第一张收据，是他们在筹集革命经费时留下的凭证，上面密密麻麻的数字和字迹，见证了他们的辛勤付出和无私奉献。第二张收据，是他们在购买武器

① “半条被子”映初心，“湘”村水美润民心［EB/OL］.［2021-10-18］. 郴州市水利局，http://slj.czs.gov.cn/zwgk/sldt/content_3344249.html.

弹药时留下的记录，这些武器弹药为革命胜利立下了汗马功劳。第三张收据，则是他们在救助受伤战友时留下的医疗费用凭证，展现了他们关爱同志、团结互助的革命精神。

三张收据的故事

这三张收据，虽然只是简单的纸片，却蕴含着攸县籍革命先驱们的坚定信念和英勇精神。他们为了民族独立和人民幸福，不惜付出一切代价，甚至献出自己的生命。他们的英勇事迹，将永远铭刻在历史的长河中，激励着我们后人不断前行。

如果说半条被子的温暖是军爱民，那么三张收据的深情是民拥军，这种军民鱼水情，是中华民族血脉相连、风雨同舟的真实写照。重温这些故事，让我们更加深刻地认识到，今天的幸福生活来之不易。我们应该珍惜这份来之不易的幸福，更要继承和发扬攸县籍革命先驱们的英勇精神，为实现中华民族伟大复兴的中国梦而努力奋斗。

此外，该展览馆还记录了酒埠江水库建设历史、酒埠江镇风貌、风土人情。在展览馆内，人们可以看到酒埠江水库建设的珍贵历史照片和文物，了解到水库建设的艰辛历程和巨大成就，可以从中感受到酒埠江镇独特的魅力，了解到当地人民的勤劳和智慧。它不仅仅是一座静态的建筑，更是一本活生生的历史书，让人们在参观的过程中能够深刻体验到攸县地区的历史变迁和文化积淀。

攸水赞歌展览区

中国人民抗日战争胜利受降纪念馆

中国人民抗日战争胜利受降纪念馆，位于湖南省怀化市芷江侗族自治县潕水河畔，是一座铭记历史、弘扬爱国主义精神的重要场所。这里曾经是抗日战争末期中国军队接受日本侵略者投降的地方，见证了中华民族从屈辱到振兴的伟大历程。纪念馆的建筑风格独特，融入了传统与现代元素，寓意着中华民族的传统美德与现代文明的融合。馆内陈列着丰富的历史文物和图片资料，通过声、光、电等多种技术手段，生动地再现了那段血与火的岁月。

抗日战争胜利受降纪念坊

十四载卓绝抗战，一纸降书落芷江，㵲水与纪念馆交相呼应，见证了中国抗战胜利受降，它流淌在城中，宛如一条和平化作的纽带连接着历史与未来，传承着抗战精神与和平理念。漫步在㵲水河畔，总会感受到一股庄重而神圣的气息，都会深深感受到这份厚重的历史沉淀，仿佛能够穿越时空，回到那个硝烟弥漫的年代。

㵲水河与纪念馆的庄重及历史的厚重交织在一起，为学校开展爱国主义教育活动提供了得天独厚的场所，纪念馆内丰富的史料和展品向人们诉说着一段段波澜壮阔的历史。它们静静地躺在那里，但背后却蕴藏着无尽的故事和深邃的思考。这些珍贵的资料不仅记录了过去，更启迪着现在和未来，师生在这里聆听历史的回响，感悟民族的精神，激发强烈的爱国情感和责任意识。

中国人民抗战胜利受降纪念馆

湖南河湖沿岸其他教育场馆资源

湖南河湖沿岸场馆众多，河流因这些育人场馆的存在文化内涵变得更加丰富，河湖沿岸的场馆也如同一颗颗璀璨的明珠，点缀在河流两岸，它们不仅仅是建筑物，更是湖南深厚历史文化的载体和传承，承载着湖南人民的历史记忆和文化精神，正是这些场馆的存在，让湖南的河湖沿岸焕发出更加迷人的魅力。

湖南河湖沿岸其他教育场馆资源分布表

河湖名称	相关教育场馆
韶河	韶山毛泽东广场、银田张公桥
涟水	东山书院、李聚奎故居
涓水	蔡和森同志纪念馆、女杰广场

续表

河湖名称	相关教育场馆
四安埠河	李鲁烈士暨四安埠地下党支部陈列馆
捞刀河	李维汉故居、春华渡槽
大溪河	围山书院
渌水	南四区苏维埃革命纪念馆、先农坛
舂陵水	欧阳海烈士纪念馆
耒水	谢维俊故居
郴江	湘南起义纪念馆
沤江	《三大纪律，六项注意》颁布旧址
永明河	江永一中红军树
湘江	萧劲光故居、陶铸纪念馆、衡阳党史馆、水口山工人运动纪念馆、李达故居
资江	马迹塘战役陈列馆、安化梅城镇文武庙古建筑群
夫夷江	塘田战时讲学院旧址、新宁县崀山镇船形村红军桥
渠水	通道转兵纪念馆
会同河	粟裕故里
巫水	红色绥宁展览馆
溆水	向警予同志纪念馆
柳叶湖	东方红博物馆
沅江	五强溪工程纪念碑
玉泉河	贺龙纪念馆
茅岩河	苦竹寨："有故事"的红色古寨
汨罗江	平江起义纪念馆、新四军平江通讯处旧址
浆水河	胡筠烈士故居
华容河	何长工纪念馆
洞庭湖	洞庭湖博物馆、"守护好一江碧水"首倡地展陈馆

3 湖南河湖沿岸志愿服务类资源应用

——山之灵，水之美，孕育了锦绣潇湘，湖南水利水电职业技术学院组织师生沿河湖开展以“爱水、惜水、护水”等为主题的志愿服务活动，并形成了特色品牌。

学校将社会实践服务作为重要的劳动教育环节，并将其与“水安全”“脱贫攻坚”以及“乡村振兴”等国家战略相结合，先后开展“水育潇湘”“饮水思源”“一人一河，使命在肩，责任有我”“我是河小青”“河畅九道湾，志愿湘水行”等水利志愿服务，其中多个项目荣获国家级、省级金奖。师生在参加爱水、惜水、节水、护水的志愿服务中，深入了解了水资源的分布、水质和保护措施，亲身体验了护水实践，感受到了水资源的重要性和珍贵性，涵养了新时代水利青年的绿色品质。

水利志愿服务

水是生命之源，是组成世界万物的重要物质，水是最寻常不过了，地球表面70%以上都是水，水无所不在，即便在茫茫戈壁大漠中，也能寻到水的踪迹，而何处有水，何处便有生命的迹象，可以说我们的一切都离不开水，地球之所以能有丰富多彩的生命，跟水的大量存在是紧密相关。因此，保护水资源就是保护生命。

近年来，党中央、国务院高度重视水资源保护和水安全工作。2018 年 4 月 25 日，习近平总书记对湖南作出“守护好一江碧水”重要指示，2022 年国家发展改革委、水利部印发了《“十四五”水安全保障规划》，为学校更好地利用好河湖资源，以实际行动践行“守护好一江碧水”的理念，开展爱水、惜水、节水、护水系列志愿服务活动指明了方向。发挥水利院校学子在“河流生态保护、绿色理念传播、生态环境修复”中的青年生力军和突击队的作用，既能够引导学生增强环保意识、生态意识，同时也能够促进专业理论学习与实践相结合，深化志愿服务的育人工作成效。

水利志愿服务是生态环保志愿服务中的一类形式，从事志愿服务的人员被称为水利志愿者，主要围绕保护水资源、改造生态环境、助力爱水节水等开展一系列服务活动，根据水利部精神文明建设指导委员会办公室 2015 年发布的信息，水利志愿服务标识名称为“关爱山川河流”，寓意水利志愿者“用心呵护山川河流”。学校通过制定志愿服务学分制度、综合素质测评等方式，积极引导学生注册水利志愿者，开展包括普及水安全知识、提升节水护水理念、水质探测与保护、河湖沿岸水环境保护等在内的志愿服务活动，营造了良好氛围和育人特色。

将“学”与“做”相结合，全范围覆盖：学校通过引入校外河湖专家、学者到校讲座等方式，积极向校内同学宣传河湖保护知识，讲座主题包括《湖南河湖管理和河湖长制工作实践》《洞庭湖相关情况介绍》《科学配置水资源，建设社会主义生态强国》《落实湖南生态水利建设》等。

举办专家学者讲座

通过讲座，帮助同学们更好地认识加快建设幸福河湖、实现防洪保安全、提供优质水资源、维系健康水生态、构建宜居水环境、弘扬先进水文化、做好水安全知识普及等工作的重要性。同时积极开展“水育潇湘”“饮水思源”“绿水守护者”“我是河小青”“河畅九道湾，志愿湘水行”等水利志愿服务，引导学生争做节水爱水的宣传者、实践者。

“进”与“请”相结合，多形式科普：志愿服务通过进机关、校园、社区、乡村、企业和场馆基地，把水利科普宣传活动延伸到河湖岸边、田间地头、学校讲台和活动广场，并通过微信公众号和微博及时传播宣传，学校与泉塘社区学习中心、湖南省水土保持学会经常性地共同组织开展系列节水护水志愿服务活动，志愿者深入社区、生鲜市场、学生宿舍发放节约用水宣传册，面对面普及节水常识，倡导科学用水，鼓励大家积极参与节水型社会建设。

志愿服务进社区

志愿服务队还经常性地联合共青团长沙县委、长沙县志愿者协会前往远大科技集团等企业开展节水护水宣传活动。在远大科技园，志愿者服务团队向职

志愿服务进企业

工及其家属进行节水护水视频宣讲，带领职工子女了解一江一湖四水，介绍“河小青行动中心”，号召更多的环保志愿者加入河小青行动，践行志愿服务精神，展现了新时代水利青年的责任担当。

志愿者自行编撰了《节水用水知识读本》送给社区图书馆、企业阅读室等，供职工、居民、学生等阅读和学习。宣传活动增强了居民的节水意识，志愿者通过进机关、校园、社区、乡村、企业和场馆基地等开展活动，进一步激发居民、职工、学生等群体的节水积极性和主动性，全面推动形成全民节水、护水、惜水的行动自觉，让节水型生产、生活方式成为新风尚。

此外，根据社区素质拓展的需求，学校灵活协调学校数字水利博览馆、湖南水情馆、施工安全体验馆、360 网络安全产教融合基地、节水教育基地等及社区其他合适场所，用于游学、观摩体验、实践活动等。2023 年 5 月，社区组织长沙县泉塘中学的 50 名中学生走进学校，通过穿戴 VR 设备，围绕土石堤坝常见险情进行沉浸式体验，开启了一段水利技能体验之旅，不仅让他们感受到水利科技的魅力，同时也在心中埋下了一颗向往水利行业的种子。

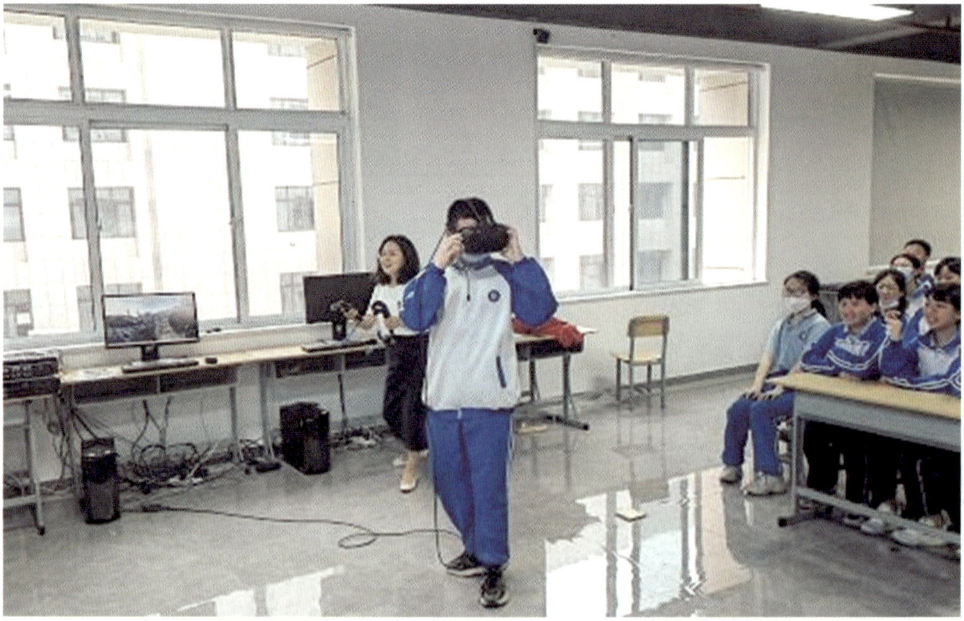

邀请中学生到校体验学习

“关键节点”与“针对性”相结合：抓住“世界水日”“中国水周”“职教周”“学雷锋月”等重要节点，针对不同受众的个性化需求设计特色活动方案，包括“水美潇湘”主题演讲比赛、“节水·在路上”公益宣传普及进校园、“节约用水，从我做起”主题班会及手抄报、水资源知识抢答赛、“节水在身边”短视频比赛、环保骑行、湿地净滩、“科学用水，和谐用水”进社区、进学校节水护水宣讲、最美家乡河湖图片摄影展等，并在学校官网、官方微信公众号、官方抖音号播放节水视频、节水中国主题歌曲及MV，发布节水吉祥物等。近些年，多个有特色的成果脱颖而出，比如2020年学校学生为“水与气候变化”创作了歌曲《幸福河湖，未来可期》；在2023年“世界水日”及“中国水周”来临之际，学校获评“湖南省首批节水教育基地”，为全省唯一入选高校。

获评“湖南省节水教育基地”

《幸福河湖，未来可期》

作曲：经管系 陈遥芳
吉他伴奏：经管系 宇萱婷
作词：陈遥芳
和声：陈遥芳

小时候
的这片河流湖泊
阳光撒在水波上 就像彩虹

我来到 新世纪 的大门口
为了星星更加璀璨 花草更浪漫

该如何做 带领着世界还有我
保护水源oh 从我行动

该如何做 合理建设 健康生活
让 世界 重新美好来过

为 了水与气候变化 我不停歇 不能停歇
幸福河湖 未来可期 持续发展 的革命
规划 布局 将对得起
世界水日不变计划的 良苦用心

为 了水与气候变化 要担当起 从我做起
幸福河湖 未来可期 持续发展 的革命
现在 让我们在一起
人类被共同赋予 的光荣使命

oh...

让我来告诉你

学校学生为世界水日创作歌曲

水育潇湘志愿服务

水育潇湘是学校开展最早的水利志愿服务活动，也是全国比较知名的水利志愿服务品牌，最早可以追溯到 2005 年，旨在通过各项志愿服务项目，保护纵贯全境的湘、资、沅、澧四水和“八百里洞庭”的水资源。2016 年，水育潇湘项目获得第三届全国青年志愿服务大赛金奖和第十一届中国青年志愿者优秀项目奖。

丘陵遍布的三湘大地，167 万多口山塘星罗棋布。山塘，这个看似普通的名字，却承载着湖南省乡村生活的深厚底蕴。在湖南的田野间，山塘不仅是一个简单的地理标识，更是乡村生活的重要水源和农业生产的命脉。同时，山塘也是乡村生态的重要一环。在湖南的乡村生态系统中，山塘扮演着调节气候、保持水土、维护生物多样性的重要角色。然而，近三四十年来，由于年久失修、投入不足等因素，大多数山塘处于只用不管的状态，周边生活垃圾、污水直排，淤积严重的山塘逐渐变成“臭水塘”。

学生参与沟道清淤

2018 年 3 月，“水育潇湘”的志愿者们加入了“我是河小青·美丽湖南行”的行动，在实践方面，他们已经在湖南 4 个县 12 个村的 28 座山塘上进行了项目落地。该项目将农村水污染治理作为核心内容，重点开展了“心手相牵，净水控源”“生态修复，活水靓村”和“村民自治，清水长流”三项重点行动，以点带面推行了“3+N”治理模式。以湘潭市紫峰村为例，“水育潇湘”志愿服务项目的志愿者，实施三个行动，彻底改变了臭水塘的面貌。

“水育潇湘”秉承学校“上善若水、求真致远”的校训，以志愿服务为载体，服务社会，为河湖的美丽贡献智慧和力量，志愿者们对山塘周边水源进行排查，通过沟道清淤、植物活水，建设简易治污设施，向村民普及水环境保护知识，让昔日脏乱的山塘焕发出勃勃生机，把省内部分山塘从“臭水塘”变成“清水塘”。

针对村民护水意识薄弱的问题，志愿者开展了“心手相牵，净水控源”行动。通过“节水护水”进乡村、进校园，村民水讲坛，宣传手册发放，电影展播，创编歌舞剧等手段，唤醒村民水环境保护意识，改变不良生活习惯，从源头上“净”水。

水育潇湘项目开展成效

针对受污染水塘现状，志愿者开展了“生态修复，活水靓村”行动。通过沟道清淤、植物活水，建设“生态集排水沟+微型湿地”的简易治污设施，恢复山塘水体良性更替，让塘水变活，以实际行动“洁”水。

针对山塘分布广且管理缺失的现状，志愿者开展了“村民自治，清水长流”行动。通过协助村支两委与村民代表共同制定《节水护水公约》，建立节水护水监督员制度，让村民广泛参与，营造人水和谐的乡村水文化，形成合力“护”水。

“步丈湖湘，行者无疆”调研活动

除此之外，团队还受邀在湘西永顺、宜章、隆回等地开展志愿服务，通过污染源控制、生态修复、村民自治三大举措，越来越多山塘“死”而复“活”。

“水育潇湘”成立至今，先后举办了“点滴纯净，携手共护”水资源知识抢答赛、“保护青山绿水，你我携手同行”节水护水宣传活动、“关爱在开慧，公益促和谐”节水护水进小学宣讲活动、“世界水日中国水周”大型户外宣传活动、“上善若水，踏歌而行”创作活动、“青春骑行，兴水护水”户外宣传活动、“步丈湖湘，行者无疆”调研活动、“珍惜水资源，保护水环境”万人签名活动。团队吸收了专业教师、学会专家、水利工匠等加入，提升了团队专业服务能力和水准，开发了水灾险情处理游戏、微电影、动画等一系列宣传培训资源。团队先后多次被中国志愿者网、红网等多家媒体报道。

保护水环境万人签名活动

“饮水思源”公益服务项目

通过开展“河小青”护河行动、“寻美家乡河”生态考察、“河长制”专题实践及暑期“三下乡”社会调研等活动，扎实开展巡河护河、水质监测、水文化普查、农村安全饮水等工作，推进农村水环境保护与治理志愿服务长效化，组建了水利科普知识讲师团，定期开展“六进”宣传活动。结合“互联网+”时代大背景，更新项目发展理念，借助大学生志愿服务系统、易班网、问卷星、水资源知识问答小程序等开展线上调研与知识科普，不断创新志愿服务工作途径，在水育潇湘的基础上，推出了“饮水思源”志愿服务项目，项目曾在2019年获得“青春志愿行·湘聚Y-30”湖南省第四届青年志愿服务项目大赛和青年社会组织公益创投大赛金奖。

饮水思源，顾名思义即喝水时想到水的来源，比喻不忘本。通过开展水源地保护工作，可以动员引导社会公众加强对水源地的关注，自觉树立人与自然和谐共生的正确观念，增强爱水、护水、节水意识。志愿服务团队先后前往长沙饮用水一级水源保护区长沙县天玺湖（印山湖）、长沙的母亲河湘江等地开展志愿服务活动。

在湘江橘子洲头，志愿者们以小组为单位在湘江风光带沿线开展保护母亲河的公益志愿者活动，通过设置水源地保护、节水宣传展板和宣传条幅，设置宣传台发放宣传彩页和传单的方式，宣传水环境保护知识、生活中的节水方法及节水常识，引导广大市民群众树立人与自然和谐共生的正确观念，增强群众爱水、护水、节水意识。

湘江沿岸开展保护母亲河公益课活动

此外，志愿服务团队还面向中小学生开展公益宣讲课，积极宣扬禁泳、禁钓的保护理念，引导学生要做水源地保护的践行者，号召大家为保护母亲河贡献力量。

志愿者在长沙县江背镇天玺湖河长制主题公园合影留念

以长沙饮用水一级水源保护区天玺湖（印山湖）河长制主题公园为中心，志愿服务队围绕“强化依法治水 携手共护母亲河”主题开展形式多样的宣传活动，积极向行人介绍世界水日、中国水周，发放节水护水手绘宣传手册，充分向群众宣讲江背水系，河湖长制组织体系，河湖长制的背景，河湖长制的工作目标、举措和成果，科普水资源与水利知识，旨在提升人民群众知水、爱水、护水、惜水意识，引导民众参与治水、管水、节水、护水，让河流管理保护意识深入人心，形成了全体群众关心、支持、参与水环境治理的良好氛围，为进一步推进河长制向纵深发展，切实增强群众爱河护河意识，引导更多群众参与河湖管护奠定了基础。

“饮水思源”公益服务项目近年来也形成了特色化的管理模式。

1. 聚焦品牌建设，打造水源地保护名片。“饮水思源”公益服务项目自启动以来，在“进机关、校园、社区、乡村、企业和场馆基地”的基础上，新增“进水源地”，并以此为抓手，着力打造“水源地保护有我”“你好！我的母亲河”“共护母亲河”等系列活动，切实守护好水清、岸绿、景美的水源地。

项目获奖

2. 拓展志愿服务时空，从1个到1群。“饮水思源”公益服务项目借助大学生“返家乡”实践活动以及假期社会实践活动等方式，鼓励青年学子做好

大学生参与“返家乡”实践活动

家乡水源地的保护工作，通过对家乡河湖周边的白色垃圾、枯枝烂叶以及废弃漂浮物进行地毯式收集清理，以及对种菜、放牧、地笼捕鱼、垂钓、排污、游泳等影响水质安全的现象进行专项巡查，大大提升了青年学生的社会责任感。活动开展以来，"饮水思源"公益服务项目得到了有效的拓展，志愿者的爱河护河意识进一步增强，同时青年学子也用实际行动展现了对家乡的热爱。

水宝打卡活动，宣传节水护水

3. 创新宣传载体，打造节水宣教新 IP。将传统文化中的上善若水和现代爱水、节水、护水理念相融合，将水的健康、灵性、善良等特点加以展示，创新推出以水滴为原型，主色调为蓝色的"水宝"宣传品牌，以实体化方式加以呈现，使师生可触、可视、可感，让师生看到即是感知，触碰即是思考。同时，为增强师生节水意识，宣传节水、洁水理念，倡导节水、惜水行为，营造节水、护水风尚，将"水宝"宣传品牌进行创新延伸，举办了"带着水宝去打卡"等活动，志愿者们为师生送上水宝娃娃并宣传节水、护水、爱水知识。

老师和志愿者们共同参与打卡活动，以创新的方式宣传了节水、护水知识，有效提升了师生节水、护水的文明素养。

除此之外，为突出学校水利特色，强化水资源管理，落实《“十四五”水安全保障规划》中提出的总体思路、目标任务，学校推出了《水宝说“水安全战略”》系列漫画，得到了全校师生的热烈反响，引导同学们做节水、护水、爱水的倡导者、践行者、捍卫者，为保护水资源、水生态、水环境，推进生态文明建设贡献自己的一分力量。

但我们水滴的一生说长也长，说短也短，一生经历了三个循环。能为大家做出贡献我们很快乐。随着工业的发展，小水滴越来越少了
藏在地下也得不到一点清净……
水污染
因此，为了地球上所有生物的生存与发展，我们一定要珍惜和保护好每一方水资源。
杜绝浪费
从平时的生活细节上我们可以多节约用水，不造成非必要的浪费

水宝说“节水护水”漫画

“一人一河，使命在肩，责任有我”

2016 年 10 月 11 日，习近平总书记主持召开中央全面深化改革领导小组第二十八次会议。会议审议通过了《关于全面推行河长制的意见》。习近平总书记指出：“全面推行河长制，目的是贯彻新发展理念，以保护水资源、防治水污染、改善水环境、修复水生态为主要任务，构建责任明确、协调有序、监管严格、保护有力的河湖管理保护机制，为维护河湖健康生命、实现河湖功能永续利用提供制度保障。”2017 年 11 月 20 日，习近平总书记主持召开十九届中央全面深化改革领导小组第一次会议，审议通过《关于在湖泊实施湖长制的指导意见》。会议强调：“在全面推行河长制的基础上，在湖泊实施湖长制，要坚持人与自然和谐共生的基本方略，遵循湖泊的生态功能和特性，严格湖泊水域空间管控，强化湖泊岸线管理保护，加强湖泊水资源保护和水污染防治，开展湖泊生态治理与修复，健全湖泊执法监督机制。”

前往新农村学习、宣传河长制

幸福河湖是河湖管护的最高标准，是能够适应高质量发展要求的安澜通畅、清洁美丽、生态宜居、和谐富足的现代化江河湖泊，为了宣传和推进河长制工作，学校积极开展了“一人一河，使命在肩，责任有我”河长制志愿服务活动，为共同打造“水清、河畅、景美”的良好环境作出新的贡献。

行动依托“校地联盟”——高校青年参与基层治理志愿服务项目，以信息化为基础，以智慧融入为杠杆，助力打通河长制最后一公里，重点打造“一名志愿者+一位村级河长”模式，融入智慧巡河手段，携手互补，共护一河，推动村级河长制从“有名”“有实”到“有力”“有效”。志愿服务团队始终坚持护水育人相结合，以水利特岗生为主体的志愿者通过真实业务锻炼，培养了服务基层的岗位意识和职业责任，锤炼了专业能力和职业素养，传承了志愿服务活动护水育人的宗旨。

该项目自启动以来，积极助力于“河长制”的发展，项目依托“湘水行者”团队，通过“三下乡”活动，志愿者们发现河道治理仍存在许多问题。志愿服务团队调研走访发现，河长制“最后一公里”——村级河长制由于实施人员缺乏水利专业知识、信息化应用水平不高等原因，河长参与动力不足，基层河长制落实效果欠佳，“河长制”最后一公里有待打通。基于助力打通河长制最后一公里，补足村级河长制落实难点，改善乡村河流现状，建设水美乡村，依托水利特岗生，携手村级河长建立63支属地联盟队伍，与村级河长们共同守护河流百余段。

为了不断推进“一人一河，使命在肩，责任有我”护水亲河项目建设，提升志愿服务水平，志愿团队成员积极和各大平台合作，深入水利系统、社区、农村、学校开展护水学习、“河长制”宣讲、专业知识普及、实地调研、河道净滩等丰富多彩的活动，全力推动“河长制”发展，打造美好河湖乡村。

“一人一河，使命在肩，责任有我”护水亲河项目得到了水利系统、政府部门、学校的一致认可。志愿者们携手一起巡河、净滩、走访、宣讲等，为建设美丽湖南、开启湖南社会主义现代化建设新征程、让潇湘大地更加出彩贡献青春智慧和力量。

"一人一河，使命在肩，责任有我"活动掠影

组建河小青行动中心

为深入贯彻落实习近平生态文明思想，扛牢“守护好一江碧水”政治责任，持续发挥河小青在“河流守护、绿色传播、生态修复、环保行动”等工作领域助力河湖长制的作用，加快“河小青”提质升级，促进河小青常态化、规范化、制度化、专业化管理和运行，按照省河长办、团省委的统一安排部署，湖南水利水电职业技术学院“湘水行者”志愿服务队联合长沙县团委、长沙县河长办、长沙县志愿者协会建设长沙县河小青行动中心。

童亚祁
县水利局河长办
副主任

陈亚萍
团县委
副书记

徐永常
县河长制工作事务中心
副主任

罗　傲
团县委
河小青项目负责人

梁　艺
湖南水电职院
项目负责人

严　瑾
长沙县志愿者协会
项目负责人

张睿龙
长沙县志愿者协会
骨干志愿者

丁佳轩
湖南水电职院
骨干志愿者

张陵雩
长沙县志愿者协会
骨干志愿者

金储豪
湖南水电职院
骨干志愿者

河小青行动中心管理、技术人员

工作特色：采用“高校+河长办+团县委+自媒体”的“河小青”志愿服务运营模式。新媒体智慧化，提升公众影响力，用“梁师 e 友”微信公众号、志愿星沙等自媒体，记录护水育人成效，持续提供志愿服务平台，充分发挥专业优势和智慧手段，将护水活动和育人工作有机结合，共同推进环境保护工作的开展，引导好广大青少年和河湖保护志愿者增强生态意识，保护好身边的母亲河。

亮点：机制创新，通过整合人力物力、优化队伍配置等，发挥学校专业资源优势的特点，强化基层专业技术合力护水；也在实践过程中知悉国情政策、了解基层情况，有利于更好地将个人梦融入中国梦，深化高校的思政育人作用，形成青年志愿服务创新的格局。

技术创新：采用无人机巡河、水质检测等手段，运用“巡河宝”小程序、“六只脚”App，让志愿服务插上科技翅膀，从河面向云端延伸。围绕“河畅九道湾，志愿湘水行”项目，团队成员立足水利专业，制作水利模型，采用古今对话，传承水利精神。

模式创新：采用“1+5”模式，即一支队小青常态化队伍+五项行动。

五项行动：河小青净滩行动、河小青宣传行动、河小青监督行动、河小青党史学习行动、“河小青对话河长”行动。

河小青团队成员进行水质检测

志愿服务模式先后被人民网、中国教育在线、湖南日报、三湘都市报、华声教育、湖南省水利厅官网、掌上星沙官网等媒体报道 23 次。共计组织 2672 名志愿者成立 149 支河小青队伍积极投入净滩行列，共开展“河小青护河长清”保护母亲河志愿净滩活动 111 余场，服务对象 1922 人，志愿服务总时长 8032 小时，清理河滩垃圾 56. 3 吨。净滩行动活动充分彰显了长沙县青少年在保护水资源、防治水污染工作中的绿色使命担当，团队孵化的各类项目先后荣获第五届“雷锋杯”青年志愿服务项目大赛铜奖、第六届中国青年服务项目大赛节水护水志愿服务与水利公益宣传教育专项赛三等奖、第六届中国青年服务项目大赛铜奖。团队成员丁佳轩、周梦婷、朱子文、叶金玉获长沙县“优秀志愿者”称号。2023 年，在湖南省河小青工作评价考核中，团队指导老师梁艺、学生周梦婷获“优秀河小青志愿者称号”。

志愿者采用手机 App、无人机等方式进行智慧巡河

湘水行者再出发，守护水安全

近年来，湖南省水利厅始终坚持规划引领，紧紧围绕“一江一湖四水”

格局，坚持生态优先、绿色发展，统筹流域整体保护、系统修复、综合治理，推动构建水利规划体系，先后印发了《湖南省水安全战略规划（2020—2035年）》《湖南省“十四五”水安全保障规划》等水利规划，为全省水利事业支持生态文明建设提供了根本遵循，尤其是2023年印发实施的《湖南省现代水网建设规划（2021—2035年）》，围绕完善防洪减灾体系、优化水资源配置、复苏河湖生态环境、水网智慧化建设等四大重点任务，加快构建湖南省现代水网，加速推进全省水利绿色高质量发展。

2022年，国家发展改革委和水利部联合印发了《“十四五”水安全保障规划》，指出水安全是涉及国家长治久安的大事。“十四五”时期是我国全面建成小康社会、实现第一个百年奋斗目标之后，乘势而上开启全面建设社会主义现代化国家新征程、向第二个百年奋斗目标进军的第一个五年。进入新发展阶段，完整、准确、全面贯彻新发展理念，构建新发展格局，推动高质量发展，对水安全保障提出了新要求。

举行水安全学术报告会

面对新时代新要求，湖南水利水电职业技术学院响应国家水安全战略，将水作为促进人与自然和谐共生的纽带，积极整合各志愿服务团队的力量，不断充实致力于宣传节水护水、净滩净河、水源水质监测和农村水环境保护与治理等工作的“湘水行者”志愿服务队，先后到黄兴镇敢胜村，春华镇武塘村、春华山村就河长制实施现状开展调研，在水库开展副坝白色垃圾、杂物清理实践活动，并将垃圾进行分类；制作水安全宣传手册，向村民们介绍水安全的由来、意义和工作任务，帮助村民们认知水与水安全，树立起与时俱进的水安全观，增强使命感和责任感。此外，“湘水行者”志愿服务队积极参与省内水域环境保护，开展“水安全”主题宣讲系列活动。

“湘水行者”志愿服务队通过加强资源整合，让项目充分与各高校接触，构建校地合作、优势互补、资源整合、协同发展的志愿服务模式。让志愿者发挥专业学科优势，走出校园，走进机关、学校、社会、农村等开展志愿服务；让志愿服务成为大学生走向社会、接触社会、认识社会、服务社会，培养公德意识的途径；让志愿服务成为学校思想政治理论课的第二课堂，统筹推进构建课程育人、实践育人、文化育人等“十大”育人体系和“三全”育人格局；让志愿服务与学校育人结合，培养高质量人才。

湘水行者再出发

“湘水行者”立足志愿服务实际需要，通过完善志愿者队伍、服务机制，凝聚社会力量，推进志愿服务向更宽、更深层次发展；通过颁布自己的规章制度和管理办法，发展志愿者队员，建立多层次、多格局的志愿服务体系；通过沟通交流，及时反馈、解决问题，完善队伍发展机制。将秉承“奉献、友爱、互助、进步”的志愿精神，通过专业化、制度化建设，打造具有水利特色的志愿服务品牌，持续推动志愿服向纵深发展。

“湘水行者”持续在健全志愿者宣传平台、加强志愿者活动宣传方面发力，稳定、安全、持久地开展各项志愿服务活动，增加志愿服务活动对学院、社会正面的宣传与引导作用，树立良好的志愿者形象与积极健康的精神风貌。

“湘水行者”坚信在广大志愿者的共同努力下，我们的脚步能够不断地前进，“让无力者有力，让悲观者前行”。“湘水行者”将用实际行动让水利志愿服务精神绽放在每个角落，努力为建设天蓝、地绿、水清的美丽中国贡献出自己的青春力量。湘水学子，为水而歌，志愿服务，携手十年。保护绿水青山，我们在路上，我们是“湘水行者”。

4 湖南河湖沿岸实习实训类资源应用

——湖南水利水电职业技术学院充分利用河湖沿岸水利工程建设项目打造集“产学研创赛”功能于一体的实习实训教学基地，为培养高水平、高技能、高素质复合型人才打下了坚实基础。

实习实训基地作为锻炼学生岗位技能、培养学生职业素养的基础平台，是提高教育质量的硬件依托。学校作为水利类高职院校，充分借助水利行业优势，近年来不断加强与各行业领域的合作交流，深化产教融合，为水利行业培养了大量的优秀人才。通过与水利行业的合作，学校将实际工作场景引入课堂，让学生在学习过程中更好地掌握实际技能，提高就业竞争力。

八个协同建设理念

培养造就大批德才兼备的高素质人才，是国家和民族长远发展大计。水利行业作为国民经济的基础产业，越来越受到各级人民政府的高度重视，水利建设呈现出勃勃生机。伴随着水利事业的迅速发展与科学技术的进步，新工艺、新设备在水利工程上广泛应用，水利行业相关岗位技术含量不断提高，对相应人才的需求越来越迫切，这就需要培养一批面向生产一线的德才兼备的高素质人才。学校积极用好湖南省内典型及重大水利工程、设施资源，以专业群建设为点，以实习实训基地建设为纽带，进一步推动产学研深度融合，提高教育服务国家战略的能力，为我国水利事业提供有力支持。

八个协同建设理念

学校坚持按照专业匹配、设施配套、产业代表性、目标定位、稳定性、互惠互利、共建共管、考核评价八个协同建设理念，建立校企融合的实践教学基地。

在专业匹配方面，学校充分考虑产业发展趋势和企业人才需求，确保基地的专业设置与行业需求紧密相连。通过与企业共同制定人才培养方案，优化课程体系，提高实践教学内容的针对性和实用性。

在设施配套方面，学校加大投入，建设现代化、高标准的教育设施，包括实验室、实训室、协同创新中心等。同时，充分利用企业现有资源，为学生提供实践操作和企业实习的机会。

水利施工安全体验馆教学

在产业代表性方面，学校优先选择具有产业领先地位和先进技术的企业进行合作，以确保学生能够接触到行业前沿的技术和管理理念。依托水利工程智能巡检与数字化养护湖南省工程研究中心与创新产业学院，与企业共同开展科研项目，培养学生的创新能力和实践经验。

在目标定位方面，学校明确校企融合实践教学基地的培养目标，即为企业输送具备扎实专业素养、较强创新能力和良好职业道德的高素质人才。同时，注重培养学生的国际化视野和跨文化沟通能力。

在稳定性方面，学校与企业建立长期稳定的合作关系，确保基地建设的持续发展。通过签订合作协议，明确双方的权利和义务，形成互利共赢的局面。

在互惠互利方面，学校与企业相互支持，资源共享，实现校企间的优势互补。企业为学校提供实习岗位、技术支持、专家讲座等，学校为企业提供科研技术支持和人才培养等。

在共建共管方面，学校与企业共同参与基地的建设和管理，形成合作共赢的局面。双方共同组建管理团队，制定基地发展规划、管理制度和运行机制。

在考核评价方面，学校将建立一套完善的基地教学质量评价体系，包括学生满意度、企业满意度、实践成果等方面。通过对基地建设的全面评估，不断优化教学内容和方式，提高基地的教育教学质量。

学校将坚持八个协同建设理念，与企业紧密合作，共同推进校企融合实践教学基地的建设。通过基地建设，为我国经济社会发展培养更多高素质、应用型、创新型的人才。

学校在水利领域的研究与实践不断深入，与各大水库和水电站的合作日益密切，先后与椒花水库、犬木塘水库、株树桥水库、毛俊水库、酒埠江水库、桐仁桥水库、红旗水库、水府庙水电站、欧阳海灌区、江垭水电站、新晃侗族自治县鱼市水电站、永兴县水电站、狮子岩水电站、双牌水电站、赤石河水电站、水渡河水闸基地、回龙垸、圭塘河综合治理基地等合作建立了实习实训基地，为学生提供了充足的实践机会，使他们能亲身参与到水利工程的建设与运营中。

在水府庙水电站、欧阳海灌区，学生们深入了解了大型水利枢纽工程的运行原理，学习了水资源调配、水电站发电、灌溉排水等方面的专业知识。这些实地考察和实践经验，让学生们对水利工程有了更为全面的认识，为他们将来的工作奠定了基础。

江垭水电站、新晃侗族自治县鱼市水电站、永兴县水电站、狮子岩水电站、双牌水电站等实习实训基地，则为学生们提供了观察和了解水电站建设、运行与管理的第一手资料。在这些基地，学生们不仅掌握了水电站设备运行维护、水电安全生产、水资源管理等技术知识，还培养了团队合作精神和责任意识。

水渡河水闸基地开展实践教学

学校紧密结合国家水利发展战略，以培养高素质水利人才为己任，不断优化课程设置和实践教学环节。通过与各大水库和水电站的合作，建立了丰富的实践资源，锻炼了学生的实践工作能力。

在未来的发展中，学校将继续深化与各实习实训基地的合作，拓宽合作领域，提升合作水平。同时，学校还将加大投入，进一步完善实践教学条件，提高教师队伍素质，努力培养更多优秀的水利人才，为我国水利事业的繁荣和发展贡献力量。

产教融合共同体

为促进校企合作，学校积极推进产教融合建设，携手湖南湘水集团、湖南华商智能制造研究院有限公司、华自科技股份有限公司、中建五局合作共建产教融合共同体，按照“把实训基地建在工地、建在场站、建在企业”的原则，新建36个校外实训基地，重点建设基地布点与湖南水资源分布高度匹配的水利工程校外实训基地群，覆盖发输供用电链的电力系统自动化技术校外实训基地群和“一中心、多地域”布局的建筑工程技术校外实训基地群。重点建设浏阳株树桥水库管理局、欧阳海灌区水利水电工程管理局和湖南宏禹工程集团有限公司实训基地。

依托湖南省水利职教集团，搭建“三中心二基地”科技创新平台，构建“大师名师+科技项目+创新团队+成果转化”的协同创新模式，组建教研联盟，创新教科研评价制度，服务生态水利、绿色能源、绿色建筑的优化升级发展。

按照“节水优先、空间均衡、系统治理、两手发力”治水思路，覆盖水利行业“农村水利、城市水利、流域水电”全领域，融入智慧、生态等现代水利元素，对接“水资源保护、水利工程建设、水利工程管理”产业链关键环节，组建以水利工程专业为核心，包含水政水资源管理、水利水电工程技术、水利水电工程智能管理、智慧水利技术共5个专业的专业群，形成服务于“水保护、水利用、水安全”的专业群格局。

立足湖南地区和长江中游经济带，面向水利行业的水资源保护、水利工程规划设计、施工与检测、项目管理、运行维护等岗位，培养重保护、能设计、会施工、善管理、精养护，具有理想信念、道德情操、工匠精神、精湛技艺、创新本领和健康体魄的复合型高素质技术技能人才、能工巧匠和大国工匠。

聘请校外企业的总工、总经理、专家等为专业群建设指导委员会成员，发挥专业群资源优势。主动适应区域产业、行业发展需求，结合专业群办学优势和基础，建立内部动态优化机制，形成协同育人、共建基地、共享师资、共开课程等制度，专业群与产业链深度融合，实现校企双方协同。定期组织优化专业人才培养方案，召开专业群建设质量论证会，分析专业群建设质量评价数据和产业发展动态变化，及时调整人才培养目标，优化专业群的专业设置，更新课程体系和教学内容，确保专业群建设与产业发展需求同步。

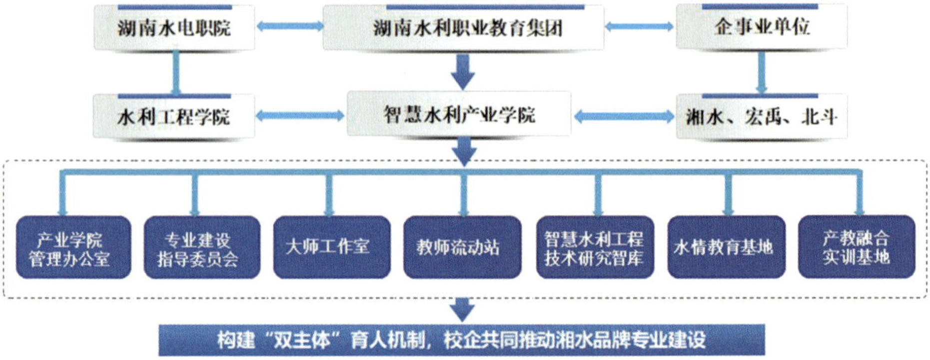

产教融合共同体运行图

校企联合创办了智慧水利产业学院，致力于全面推广现代学徒制，并对“两并重、两阶段、多学段”的专业群人才培养模式进行优化。同时，学院还创新了基层水利特岗定向培养、湘水品牌现代学徒制、“大禹”特质分层培养以及本科层次试点等多种人才培养模式，确立了“大禹学徒—大禹学匠—大禹工匠”阶梯式培养路径。探索职业教育人才培养的湖湘特色，为职业院校人才培养提供示范和借鉴。按照“资源共享、互惠互利、校企联动”的建管模式，建设集实践教学、实习实训、科研生产、创新创业等功能于一体的“一馆二地三场五中心”校内外实训基地。建成智慧水利省级虚拟仿真实训基地分中心、高水平专业化产教融合实训基地、产教融合型企业，形成高水平产教融合实训基地建设新范式。

椒花水库

椒花水库工程位于湖南省浏阳市和长沙县，坝址位于浏阳河上游大溪河左岸一级支流椒花河，由中国水利水电第八工程局有限公司建设。椒花水库主要以城镇供水、防洪为主，兼顾灌溉和下游生态环境补水。

椒花水库工程

学校先后多批次组织学生前往椒花水库开展实习实训教学，实训秉承提升学生专业技能和培养综合素质的教育理念，主要以“员工讲座、现场参观、动手实操”三类活动为教育载体，持续整合教学资源，将工地变课堂。讲座有安全教育、施工工艺讲解等；参观地点有坝基施工现场、混凝土搅拌系统、钢筋加工场等；实操为混凝土材料检测、施工测量、质量评定表填写等。椒花水库实习实训教学让学生直观深入地了解水利工程施工，在巩固学生专业知识的同时，更以真实工程场景激发职业自豪感，强化服务水利行业的信念。通过知行合一的实践锤炼，学生们将以扎实的专业素养和务实态度，将所学转化为推动我国水资源管理与保护事业发展的青春动能。

在椒花水库开展实习

在员工讲座环节，学生们听取了来自一线工程师的安全教育和施工工艺讲解，深入了解了水利工程建设的严谨性和复杂性，并详细了解了椒花水库的地理位置、水源特点、库区生态系统等方面的内容，使学生们对椒花水库及其水文情况有了更为全面的了解。这些讲座有助于学生们树立正确的安全意识，熟悉施工流程和规范，为今后的职业生涯打下了坚实的基础。

参观椒花水库模型，学习水工建筑物的布局

在现场参观环节，学生们参观了坝基施工现场、混凝土搅拌系统、钢筋加工场等地，直观地感受到了大型水利工程项目的运作方式和现场环境。这种身临其境的体验使学生们对工程建设有了更为全面和深入的认识，有助于他们将在校期间所学的理论知识与实际工程相结合。

施工员讲解工程目前施工进程

在动手实操环节，学生们参与了混凝土材料检测、施工测量、质量评定表填写等实践操作，亲身体验了工程师的日常工作任务。这些实操训练不仅提高了学生们的工作技能，也增强了他们的工作责任感。

实习实训教学的开展，使学生们对水利工程建设的实际情况有了更加直观和深入的了解，进一步巩固了他们的专业知识。同时，这种以实际工程为教学背景的教育方式，也极大地提升了学生们的从业自豪感，坚定了他们服务水利行业的决心，更坚定了他们将所学知识运用到今后的学习和工作中的决心，以知行合一的实践精神、脚踏实地的专业态度，致力于为我国水资源管理和保护事业贡献自己的青春力量。

学校椒花水库实习实训活动的开展，既丰富了教学内容，提高了学生的实践能力，也为当地水利工程的施工与管理提供了有力支持，这充分体现了学校高度重视实践教学环节，坚持“产教融合、工学交替”的教学方针，为培养高素质技术技能人才奠定了扎实基础。在今后的教学中，学校将继续加大实践教学力度，引入更多的现代科技手段，如无人机巡测、遥感技术等，让学生们能接触到最前沿的水利工程施工与管理技术，为培养高素质的水利人才不懈努力。

椒花水库引水隧洞施工现场讲解

犬木塘水库

犬木塘水库是犬木塘水库工程的一部分。犬木塘水库工程是新中国成立以来湖南省投资最大的单体水利工程，包括犬木塘水库枢纽工程和犬木塘灌区工程。与椒花水库不同，犬木塘水库以灌溉为主，结合城乡供水，兼顾灌区水生态环境改善以及航运、发电等综合利用。

犬木塘隧洞

此外，犬木塘水库工程还是国务院部署的172项重大水利工程之一，是解决湖南省衡邵干旱走廊水资源短缺问题的关键性工程。该工程历经了数年的精心规划和艰苦努力，终于成功落地并投入使用。它的建成不仅极大地改善了湖南省衡邵水资源状况，也为当地经济社会发展注入了新的活力。它的建成标志着湖南省在水利工程建设和水资源管理方面取得了新的重要成果，也为全国其他地区的水利工程建设提供了宝贵的经验和借鉴。

犬木塘水库隧洞测量实训

犬木塘水库工程输水线路长223公里，地质条件复杂，水工建筑物种类繁多，工程涉及范围广，运行期调度复杂，安全问题突出。为此，湖南省水利水电勘测设计规划研究总院有限公司联合省水利发展投资有限公司、清华大学、湖南水利水电职业技术学院成立项目组，开展输水工程运行期安全监测及巡检、安全评价及预测、风险防控及应急预案、信息化及智能化管理等方面的研究。该研究对保障输水工程的安全运行具有重大意义。犬木塘水库的建成，彻底改写了衡邵干旱走廊“水困”的历史。这座水库不仅极大地改善了湖南地区的灌溉条件，提高了农业生产力，同时也为城乡供水提供了有力保障。

学生实习实训分别安排在犬木塘水库工程灌区 C4、C5 标段，在实训过程中，学生们不仅深入了解了犬木塘水库工程的具体情况，参观了渡槽、隧洞等工程建筑，认识了相关施工机械，而且在专家的指导下，对施工机械及其操作工艺有了直观全面的认识。此外，学生们还亲自动手进行了隧洞测量和质量评定表的填写，将理论知识运用到实际工作中，提高了自身的实践操作能力。

犬木塘水库渡槽施工现场实训

通过实习，学生不再停留在理论知识的层面，而是可以真真切切地现场了解 BIM 三维可视化信息管理平台的运行，感受到 BIM 技术在实际工程中的应用价值，认识 BIM 三维可视化信息管理平台在现场项目管理中的重要性，在虚拟建造与实体工程的交互验证中，系统掌握了 BIM 技术在进度控制、质量管理和成本优化方面的实施路径，为其职业发展构建了软件操作、流程管理和工程实践三位一体的能力体系。

通过体验 BIM 技术在设计阶段创建的三维模型，学生能直观地了解建筑物的结构、空间关系以及各种设施的布局，从而提前发现施工中潜在的问题，避免在后期的施工过程中出现不必要的麻烦。此外，学生们还可以通过实训，学习如何利用 BIM 技术快速计算工程量，为项目预算和成本控制提供依据。

BIM 三维可视化平台

在施工阶段，学生们见证了 BIM 技术在现场施工管理中的重要作用。通过实时更新施工进度、现场材料和人员配置等信息，BIM 三维可视化信息管理平台使得项目管理人员能够全面掌握施工现场的动态，从而提高施工效率，降低施工成本。同时，学生们还学习了如何利用 BIM 技术进行风险评估和安全管理，以确保施工现场的安全和施工工作的顺利进行。

犬木塘水库实训基地的育人功能在实习实训中得到了充分发挥。基地的安全育人功能体现在严格的安全管理制度和现场安全教育，让学生在实践中树立安全意识，养成安全操作的习惯；文化育人功能则表现在培养学生尊重劳动、崇尚技能的价值观，使他们在今后的职业生涯中能够更好地融入企业文化；实践育人功能则体现在通过实际操作，使学生掌握专业技能，提升综合素质，为未来走上实际工作岗位夯实基础。

校外实习实训，开阔了学生的专业视野，强化了学生的实践技能，培养了学生良好的集体主义观念和团队协作能力，充分发挥了实训基地安全育人、文化育人、实践育人等功能，为学校全面提升人才培养工作水平奠定了基础。

欧阳海灌区

欧阳海灌区工程地处湘江支流舂陵水和耒水下游地区，由欧阳海水库和灌区干、支渠组成。水库坐落在舂陵水的中游，发挥着重要的灌溉作用。然而，由于该灌区与学校距离较远，传统的实地实习实训方式并不适宜。为此，双方采用师资合作的方式进行实习实训，以基层党建示范点创建和先进水文化传播为契机，充分发挥示范引领作用，大力弘扬欧阳海灌区精神，从而满足培养优秀水利人才的需求。

在师资合作方面，欧阳海灌区工程采取了一系列创新举措。首先，聘请行业专家、产业教授、企业技术专家、技能大师等组成教师智库，为教育教学、技能培养、科学研究提供有力支持。其次，建成了由专业带头人、产业教授、骨干教师、青年教师等专业人才组成的高水平结构化师资团队。

教师实践基地合作签约仪式

在专业教学创新团队方面，通过产业教授、骨干教师、青年教师的联合，形成以专业带头人引领的教学创新团队。该团队致力于教育教学改革，不断提升专业教育的质量。同时，成立技能大师工作站，由技能大师与骨干教师共同组建技术技能创新团队，强化实践教学，有效培养学生的实际操作能力。

此外，为推进科研创新，学校还聘请了欧阳海灌区行业专家共同组建技术研发团队，鼓励骨干教师参与行业专家的科研项目，紧跟行业科研前沿，为提升学校师资科研技术水平贡献了力量，通过创新性的师资合作模式，为推动学校教育教学改革，创新实践教学，培养更多优秀的水利人才提供了强大动力。

株树桥水库

校企合作共建定点实训基地是当前的发展趋势，也是拓展人才培养渠道、丰富人才培养内容的重要方式，是提升人才培养质量的活力源泉，也是创新人才培养模式的关键所在。

株树桥水库大坝

校企合作共建定点实训基地也是加强学校与企业之间联系、促进产学研结合的有效途径。通过校企合作共建定点实训基地，学校可以更好地了解企业的实际需求，针对性地开展人才培养工作，提高学生的实践能力和就业竞争力。同时，企业也可以借助学校的资源和优势，实现技术创新和人才培养的双赢。

在这种模式下，学校可以为学生提供实践平台，让其在实际工作场景中学习、实践和探索，提高综合素质和实践能力。同时，企业也可以从学校中汲取到新的思路和技术，推动企业的创新和发展。这种合作模式不仅可以提高学生的就业竞争力，也可以为企业的长远发展提供有力的人才保障。

当然，校企合作共建定点实训基地也面临着一些挑战和问题。比如，如何保证实训基地的质量和效益，如何协调学校和企业之间的利益关系，如何建立长期稳定的合作关系等。因此，需要双方共同努力，不断完善合作机制，加强沟通和协调，确保合作顺利进行。

2022 年，学校与浏阳市株树桥水库管理局签订了共建定点实训基地协议，开启了学校与株树桥水库管理局校企联手，走深走实产教融合的新篇章。

组织学生在株树桥水库基地实训

株树桥水库又名浏阳湖，距离长沙市区 80 公里，位于大围山西南侧，浏阳河源头之一小溪河的下游高坪，常年蓄水能力为1.9亿立方米，是长沙市最大的水库，也是我国第一批混凝土面板堆石坝，1992年建成。库区生态环境较好，水质达到地表水一至二类水质标准。该水库是长沙市饮用水第二水源，同时被列为一级水资源保护区。株树桥水库已经成为一个集观光、科普于一体的河湖生态区，拥有丰富的水利水电专业学习资源，可进行水库大坝和水电站及其库区现场的认识实习，水资源综合利用、水电站建筑物与发电流程等相关理论学习与实践、水利水电维修养护与运行管理项目的相关实践、水利工程及建筑工程测量实习。

企业导师带领学生开展运行、维护与并网实训

学校每年组织学生前往株树桥水库基地开展实习实训，平均每周1次，水利类专业学生对水利水电工程中典型水工建筑建立了立体感性认识，了解水利水电工程的基本组成、库区现场建筑物的特点及水库运行管理工作的主要内容；现场查看水库安全监测工作内容及观测设施；现场认识库区水环境保护的措施、下游生态流量保障措施。学生们通过参与株树桥水库实训项目，不仅学习了水资源管理、水库安全监测、水环境保护等相关知识，提升了专业技能，

同时也提高了对水资源的认识水平和增强了水资源保护意识，提升了自身的综合素质，为今后的专业学习奠定了坚实基础。

教师带领学生识别株树桥水库各类建筑物及其设施

株树桥水电站的实习，包括参观学习水电站主厂房、水电站中央控制室、生态流域小机组厂房和株树桥水库大坝，认识水轮机内部构造、发电机定转子和水电站继电保护装置等机械结构，学习水电站的运行、维护与并网操作的相关知识与技能，并辅助完成各项检修工作。通过实习，学生们基本能掌握发电机定转子维护和交流耐压试验等基础检修操作技能，还能根据水电站的值班制度完成站内定期巡检工作。

实训期间，为尽快让学生们适应水电站的生活，还开展了丰富多彩的课余活动，例如：职工与学生篮球友谊赛、气排球比赛和集体观影等文体活动，不仅丰富了学生们的驻所、驻站生活，还帮助校企双方人员缔结了深厚的友谊。

桐仁桥水库

桐仁桥水库是湘江流域捞刀河水系的一个中型防洪控制性工程，是一座以灌溉为主，兼有防洪、供水等综合效益的中型水库，位于湖南省长沙县境内。于1979年5月正式开工，1980年3月水库枢纽工程竣工开始蓄水，1989年完成灌区建设。桐仁桥水库枢纽工程包括一座主坝，四座副坝，高、低涵和溢洪道，灌区工程包括由16座渡槽，108个涵洞，9000米明渠组成的24.7公里主干渠和共计34公里长的10条支渠。

桐仁桥水库

桐仁桥水库管理所为桐仁桥水库的运行管理单位，成立于1986年7月，隶属长沙县水务局，单位性质为副科级全额公益性事业单位。主要负责水库枢纽运行维护，防洪调度，安全管理，水面、山林环保管理工作以及灌区近60公里渠系建筑物日常安全运行、维修养护，抗旱灌溉用水调度等。

大坝的安全不仅依赖先进的科技设备，更离不开严格的组织管理和高效的应急响应机制。桐仁桥水库是国家级水利工程管理单位，水工建筑物齐全，传统和信息化管理方式结合，适宜于水利工程运行管理、安全监测、维修养护的实训。学校组织学生前往该水库开展大坝安全运行管理实习实训活动，涵盖组织管理、安全管理、运行管理、经济管理等方面内容。学生不仅参观学习水库运行管理系统中心，还会进行水库大坝的日常巡查等实践操作。

桐仁桥水库基地开展实习实训

通过实习实训，学生深入到大坝现场，实地感受了水库大坝的安全管理和运行管理，收获了宝贵的知识和经验，也让他们对水利工程运行管理岗位的职责有了更深的认识和理解。

赤石河水闸

赤石河全长约 36. 8 公里，位于长沙县黄花镇。为了更好地培养学生们的实践能力和专业素养，学校与赤石河水闸管理所紧密合作，共同开展实习实训活动。

在实习期间，学生们有机会亲身参与赤石河水闸、赤石河水电站工程主辅设施设备的现场学习观摩。他们跟随经验丰富的管理所工程师，深入了解了水闸、水电站的日常值守和维修养护工作，学习了水旱灾害防御物资、设备的储备、保管、保养等方面的知识。

赤石河水电站开展实习实训

通过实习实训，学生们不仅能够掌握水闸、水电站工程的主要设施设备作用、工作流程、安全注意事项、主要特性参数等专业知识，更重要的是，他们能够亲身感受到水利工作的严谨精神，每一项工作都需要细致入微，每一项操作都需要严格遵守相关规程。同时，学生们也深刻体会到了水利工作者的责任与担当，在面对自然灾害、突发事件时，水利工作者需要迅速反应、果断处置，全力保障人民群众的生命财产安全，这种强烈的责任感和担当精神更是新时代水利学子所必须具备的基本品质。

回龙垸

黄花镇回龙垸是一个万亩大垸，位于捞刀河中下游南岸，距星沙开发区

7.5 公里，东与果园镇果园垸，北与安沙镇水塘垸、三合垸隔河相望，西与星沙镇团结垸紧密相连。全垸保护面积 16.867 平方千米，保护耕地面积 16827 亩，其中水田 12786 亩，管理范围 4 个村、79 个组，常住人口 11980 人。黄花镇属丘陵地区，地势为东南较高，逐步向西北倾斜，最低地面高程 30 米（黄海）左右，最高地面高程 83 米（黄海）左右。回龙垸位于黄花镇北部，是全县六个万亩堤垸之一，两面环山、两面环水、东高西低，由南向北倾斜。

堤防附属涵闸建筑物巡查

堤防防汛演练，铲沙装袋

全垸重点防护对象有回龙垸的防汛大堤9处涵闸、4处穿堤涵管，回龙撇洪渠涵管各险工险段及幸福撇洪渠涵管、涵闸。防洪大堤长度为9600米，回龙撇洪渠长度为6700米，幸福撇洪渠长度为3100米，堤顶高程（堤防所办公楼段）40.08米，警戒水位35.1米（黄海高程），保证水位37米（黄海高程），大堤电动提升涵闸9座、穿堤河管4处，撇洪渠及垸内涵管71处，现有排渍泵站6处共25台，总装机容量5807千瓦，总流量54.622立方米/秒，排渠总长37000米。有防汛仓库1处（围子园排渍泵站），防汛砂石堆放点2处（石灰嘴砂石场和大湖小学砂石场）。

学校组织学生在回龙垸开展了一系列防汛实训演练活动，包括堤防附属涵闸建筑物巡查和铲沙装袋等防汛技能实践，这些活动也是防汛准备工作的重要组成部分，这种实地教学方式使防汛知识更加直观易懂，有效提升了学生们的实践能力。

榔梨水文站

榔梨水文站位于长沙市雨花区黎托乡川河村，是全要素、全量程、全流程新技术应用示范水文站，榔梨水文站的信息中心、培训中心、宣教中心以及长沙水文科普园，是非常重要的育人资源。这些设施不仅对于提升公众对水文知识的了解至关重要，而且在培养新一代的水文工作者方面也发挥着不可或缺的作用。

榔梨水文站的信息中心，作为水文学术研究和数据收集的核心，保存着大量珍贵的水文历史资料和实时数据。它为学生学习水文知识搭建了平台，在这里，学生们可以接触到最前沿的水文研究，深入了解水文学的各个方面，为未来的学术研究和实际工作打下坚实的基础。

榔梨水文站自记井

培训中心的老师们都是经验丰富的水文专家，他们用自己的专业知识和实践经验，指导学生逐步成长为合格的水文工作者。

榔梨水文站部分场馆图片

长沙水文科普园则是一个综合性场所，集防汛抗旱科技创新、科学研究、科普教育等功能于一体，这里有各种精密侦测仪器，可以同时对风向、风速、雨量、蒸发量、墒情、雪量等 13 个水文气象要素进行监测。

宣教中心则致力于将复杂的水文知识以通俗易懂的方式传达给公众。通过举办各种科普讲座、展览和互动活动，宣教中心让更多的人了解水文学的重要性，认识到保护水资源、维护水生态平衡的紧迫性。这对于提高全社会的环保意识，促进可持续发展具有重要意义。

榔梨水文站作为湖南水文现代化示范水文站，为学生们提供了宝贵的水文专业实习实训机会，学校先后多次组织学生在榔梨水文站将课堂所学水文专业知识与实际工作相结合，深化对理论知识的理解，了解水文工作的性质和内容，认识水文行业现状和发展前景，为未来职业规划提供参考。

5 湖南河湖沿岸水利文化类资源应用

——学校以习近平新时代中国特色社会主义思想为指引，落实立德树人根本任务，突出水利特色，写好“水”字铸魂育人文章，推进思政课和课程思政建设。

学校将“忠诚、干净、担当、科学、求实、创新”的新时代水利精神、湖湘精神和“上善若水、求真致远”的校训融入育人全过程，形成了具有水利高职院校特色的“4+1+N”思政理论课程体系，形成了课程建设的“溪水模式”，将“长江之子”郑守仁、“时代楷模”余元君等优秀水利典型人物作为培养学生的精神力量源泉，并融入师德师风教育，增强了师生的水利文化自信和认同感。在今后的学习和工作中，他们将更加积极地传承和发扬这些文化遗产，为推动湖南文化事业的发展贡献自己的力量。

新时代水利精神

新时代是我国发展新的历史方位，我国仍处于并将长期处于社会主义初级阶段的基本国情没有改变，推动中国特色社会主义实现更高质量和高水平的发展仍然是我们不懈努力的方向，坚定实现“两个一百年”奋斗目标的理想信念，坚定要为实现共产主义而奋斗终生的价值取向，对于水利行业来说仍然是新时代主题与主旋律，为了铭记使命，牢记行业担当，水利行业在新时代将“献水利鞠躬尽瘁”的行业情感和“兴水利功存千秋”的奋斗目标诠释为水利人的“忠诚、干净、担当”；将“功成不必在我”的精神境界和“功成必定有我”的历史重任诠释为水利人的“科学、求实、创新”。

新时代呼唤新担当，新时代需要新作为，提炼新时代水利精神不能离开新时代的大背景，更不能离开水利发展在新时代的重要作用。自党的十八大以来，在“节水优先、空间均衡、系统治理、两手发力”方针指导下，一批标志性重大水利改革举措落地落实，172 项节水供水重大水利工程建设加快推进，在拉动经济、提升能力、惠及民生、促进和谐等方面综合效益初步显现，[①] 国家水安全保障能力大幅提升，这些都是“水善利万物而不争”“上善若水任方圆”“一泉清水惠民生”的水利行业使命精神在“忠诚、干净、担当”“科学、求实、创新”方面的创造力与“精神化物质”的体现。

新时代水利精神与水利人共命运，既是水利人不畏艰险、奋力攀高、赶超

① 张雪．我国加快建设 172 项节水供水重大水利工程纪实［EB/OL］．［2016-01-11］．新浪网，http：//news. sina. com. cn/c/2016-01-11/doc-ifxnkkuy7852424. shtml.

跨越的真实写照，又是水利人继往开来、接续奋斗、再创辉煌的精神指引。先后出现了“最美水利人”、全国水利技能能手、湖南十大水利工匠等一批批信念坚定、品德高尚、技能高超、无私奉献、勇于创新的先进榜样。在这些人当中，有的人甚至为了水利事业和人民的利益献出了自己宝贵的生命。年仅 47 岁的湖南省水利厅副总工程师、省洞庭湖水利工程管理局总工程师余元君，把自己的生命定格在了工地临时工棚，他的坚守与担当践行了一名水利工作者的初心，彰显了新时代水利行业精神。

水利部印发的《加快推进新时代水利现代化的指导意见》中指出，从 2020 年到 2035 年，基本实现水利现代化，从 2035 年再到本世纪中叶全面实现水治理体系和治理能力现代化。现代化的目标就必须要有与之相适应的价值取向，价值取向的突出作用是决定、支配主体的价值选择，因而对主体自身、主体间关系、其他主体均有重大的影响，[①] 新时代水利精神在价值取向层面上实现了人的生存发展价值与水利改革发展价值的统一，在加快推进新时代水利现代化的进程中实现了现实关切与理想追求的统一，解决了“做人”与“做事”在合目的性与合规律性上的统一，是新时代水利人在实现水利现代化发展目标上必须坚持的精神要略。

新时代水利精神是对治水传统和宝贵精神的传承、弘扬与超越，是历史文化积淀土壤上开出的时代精神硕果。

从上古的大禹精神到现代的红旗渠精神、三峡精神等，无论哪一个时期，水利行业都有着其特殊的阶段性的精神，每一个时期的水利精神都已经深深地烙在中华民族精神的图腾之上。新时代水利精神就是对先后出现的水利精神的传承，继承了水利行业发展过程中自发形成的优良传统和作风以及伴随着大大小小的水利工程建设积淀而成的物质与精神财富；新时代水利精神就是对先后出现的水利精神的弘扬，体现了长期以来水利工作者在水利事业中的共有职业道德和敬业精神，体现了长期以来水利工作者在治水理念与思路上的精神共识；新时代水利精神就是对先后出现的水利精神的超越，从“献身、负责、

① 徐贵权．论价值取向［J］．南京师大学报（社会科学版），1998（04）：45-50.

求实”到“忠诚、干净、担当”“科学、求实、创新”无不彰显着新时代水利行业的特色要求，同时也是在政治品格、思维方式、价值观念、职业道德和行为规范上对历史上水利精神的超越，引领着水利改革发展的未来。

做好新时代水利精神的培育，需从以下几个方面开展工作：

1. 以新时代水利精神的内涵认知为基本

将新时代水利精神的内涵认知作为培育基本，大力挖掘展现新时代水利精神的素材、典型案例、榜样示范等，在实践中树立起引领新时代水利改革发展的精神旗帜；讲好新时代水利人故事，做好“忠诚、干净、担当”“科学、求实、创新”的精准解读；将新时代水利精神编写为培训和水利人才教学教程，在专业培训中加设专题内容；开展各水利企事业单位环境创建，营造处处可见、随时可见的新时代水利精神宣传氛围；建设一批新时代水利精神研究中心和实践基地，创建一批以展现新时代水利精神为内涵的水文化现实或虚拟展览馆，提升新时代水利精神的影响力。

2. 以新时代水利精神的情感认同为关键

将新时代水利精神培育的情感认同作为关键，之所以关键就在于情感认同是认知向意志力和行为转化的动力，没有了情感认同，也就不会有相应的意志力和行为产生。所谓情感认同就是要在培育新时代水利精神的过程中建立情感互动、情感共鸣，在传统做法方面，可以通过开展身边的水利人、水利故事演讲、研讨、主题征文、文艺创作等活动的形式，形成教育主线；另外，也可以通过信息化手段，如加强主流媒体的议程设置，培育网络舆论等，对新时代水利精神加强传播和解读，强化媒体引导力，激发人们对新时代水利精神的情感认同。

3. 以新时代水利精神的意志塑造为核心

意志塑造是新时代水利精神的核心，也是转化为行动的重要保障。一方面，“木受绳则直，金就砺则利”。新时代水利精神就如同“绳”“砺”一般，为新时代水利工作者在意志力塑造上“立标”“划线”。忠诚是新时代水利人的政治品格，干净是新时代水利人的道德底线，担当是新时代水利人的职责所系[①]；科学就是新时代水利人要坚持按规律办事，求实就是新时代水利人要发扬真抓实干的作风，创新就是解放思想、开拓进取。这些“绳”和“砺”就如同为新时代水利工作者建立了外在约束。另一方面，“忠诚、干净、担当”“科学、求实、创新”也是新时代水利工作者对个人高贵品格的自我要求，因此，在意志力培养上就要将外在约束与个人品德追求有机融合，持之以恒，形成对新时代水利精神的自觉追求和坚定信念。

邀请全国先进工作者何江波开展践行“新时代水利精神”专题讲座

4. 以新时代水利精神的行动落实为归宿

把新时代水利精神融入和转化到水利各行各业的实际行动之中，转化到实现社会主义现代化和水利现代化的奋斗过程之中，让新时代水利精神在基

① 水利部．关于印发新时代水利精神的通知［Z］．2019-02-15.

层落地生根，开花结果，这是新时代水利精神的最终归宿。一方面要加强践行新时代水利精神的基础平台建设，开展丰富多彩的实践活动，把对新时代水利精神的认知、情感、意志转化为日常行为方式和行为习惯，才能展现出新时代水利精神的价值与力量；另一方面加强协同推进效应，形成以水利行政单位领导，水利协会牵头，水利科研单位、水利教学单位、水利行业参与的相互支持的实践格局，在实践规模、实践质量等方面扩大新时代水利精神的行动影响力。

《湘水湘情》文化传播基地

当水利与艺术相交融，会产生什么样的火花，这是一个充满想象力和创造力的主题。水利与艺术，一个是实用性极强的工程领域，一个是富有创造性和情感表达的艺术领域，两者看似毫无交集，但如果我们将其结合在一起，可能会产生一些意想不到的效果。

首先，从水利工程的角度出发，水利工程是人类为了利用水资源、防止水患而进行的工程活动，如水库、水电站、堤防等。这些工程在设计和施工过程中，往往需要考虑到许多因素，如地形、水流、土壤等。而艺术，尤其是视觉艺术，如绘画、雕塑等，往往注重形式、色彩和构图。如果将水利工程的元素融入艺术作品中，可能会产生一些独特的效果。例如，艺术家可以借鉴水利工程中的建筑形态，如大坝、水闸等，通过夸张、变形等手法，将其转化为一种独特的艺术语言。这种艺术语言可能既具有水利工程的实用性，又具有艺术的审美性。同时，艺术家还可以通过色彩、光影等手法，表现出水利工程与自然环境的和谐关系，从而引发人们对自然和人类的思考。

其次，水利工程本身也可以借鉴艺术的元素，提高其审美价值。例如，在水利工程的设计中，可以引入艺术的理念和手法，使其不仅满足实用性需求，还具有观赏性和审美性。这样的水利工程不仅能够满足人们的生产和生活需求，还能够成为一种艺术品，让人们在欣赏其美丽的同时，感受到人类智慧和创造力的伟大。

最后，从河流本身出发来看，河流与音乐关系密切，它们同样承载着流转、起伏、跌宕和奔腾的情感与节奏。河流如同一段绵延不绝的旋律，在大自然的乐章中奏响，无论是溪流的潺潺细语，还是江河的汹涌澎湃，都是大自然赋予河流的独特音乐。河流与音乐的关系，也体现在人类的文化中，自古以来，河流就是人类文明的发源地之一，许多古老的文明都是在河流的滋养下发展壮大，在这些文明中，河流往往被赋予了神秘而崇高的地位，被视为生命的源泉和力量的象征，而音乐，则是人类文化的重要组成部分，它承载着人类的情感、智慧和创造力。因此，将河流与音乐相结合，不仅能够让人们更深入地了解河流的魅力与价值，还能够激发人们的创造力与想象力，为人类的文化艺术发展注入新的活力。

总之，水利与艺术相结合，可能会产生许多意想不到的效果。学校紧紧围绕“水与艺术”主题，以《湘水湘情》① 原创音乐专辑为基础，通过舞蹈、音诗画、朗诵、歌伴舞、舞台秀等多种形式，以“高质量、可传承、有特色”的文艺节目为载体，以引导广大学子传承、弘扬、践行新时代水利精神和湖湘文化为目标而着力打造校园文化品牌。为了更好地传承和弘扬新时代水利精神和湖湘文化，学校还积极组织了一系列与“水与艺术”主题相关的活动。其中，最具代表性的是“湘水湘情”文艺晚会。

晚会以《湘水湘情》原创音乐专辑为主线，通过舞蹈、音诗画、朗诵、歌伴舞、舞台秀等多种形式，将湖南的水利文化和湖湘文化融为一体，呈现出了一幅幅美丽动人的画面。晚会现场，同学们用真挚的情感和精湛的技艺，向观众展示了湖南水利人的风采和湖湘文化的魅力。

通过这些活动，学校成功打造了一个以“水与艺术”为主题的校园文化品牌，为广大学子提供了一个展示才华、传承文化、弘扬精神的平台。

---

① 大型交响合唱《湘水湘情》以湖湘儿女守护母亲河——湘江为切入点，多角度呈现了锦绣湘江厚重、悠久的人文、历史、原生态景观，湘江两岸日新月异的巨变，以及欣欣向荣、蒸蒸日上的新貌，是践行“守护好一江碧水”而开展的一次生动的、深刻的文艺创作实践。

歌伴舞《湘水湘情》

合唱《满江红·最忆长沙水》

目前完成演绎的作品包括《满江红·最忆长沙水》、专辑同名曲《湘水湘情》《绿水青山》《雨涧春行图》《烟雨行舟》等。“月亮粑粑，肚里坐个爹爹……”“天地人和，吉祥安康，感恩母亲河，我的大湘江……”熟悉的乡音、优美的旋律，将水利人的湖湘情怀展现得淋漓尽致。《湘水湘情》文化品牌是学校坚持立德树人根本任务，以文化人、以文育人的重要实践成果，也是学校美育项目的重要组成部分。

学校将以《湘水湘情》文化品牌创建为载体，将其作为美育品牌的重要代表，用优秀音乐作品抒发新时代湖南水利职教的满腔豪情和紧跟党走的坚强决心，全方位展示三湘大地在党的领导下，在水利建设上取得的辉煌成就，多角度呈现锦绣湘江厚重、悠久的人文、历史、原生态景观和湘江两岸日新月异的巨变，以及欣欣向荣、蒸蒸日上的新貌，形成湘水文化一台戏，引导广大学子传承新时代水利精神，传播湖湘水文化，积极投身湖南水利事业建设。

微电影

以河湖为切入点，拍摄与之相关的人物、风景、故事等微电影，这些微电影不仅仅是影像的记录，更是对河湖文化、生态和人文的深入探索与呈现。

在微电影的镜头下，河湖成为故事的舞台。学校先后组织拍摄的微电影有《乡水情》《大手拉小手，节水在行动》《橘子洲头看伟人指点江山》等，其中《乡水情》以乡村振兴为背景，讲述了孙禹受爷爷的影响致力于成为一名基层水利特岗生，服务于农村基层的励志故事。视频以孙禹参加湖南基层水利特岗生宣讲会为开头，视野拉回孙禹与村支书爷爷在凤鸣村聊天的场景，凤鸣村因为地势低经常受到洪水的侵袭，世代为生的茶叶产业年年受损，爷爷经过百般努力终于在村里建了水库，让茶叶产量稳步提升。乡村留不住年轻人的现实让孙禹萌生了想为家乡建设贡献力量的想法，想通过报考基层水利特岗生，扎根基层。面对父母的不理解、朋友的反对，孙禹还是毅然坚定了自己的选择。三年后，孙禹毕业了，根据户籍所在地分配基层单位，孙禹回到了凤鸣村，成为一名基层水利工作者，认真地在自己的岗位上奋斗着。

《乡水情》微电影截图

《大手拉小手，节水在行动》微电影截图

《大手拉小手，节水在行动》微电影以水资源的污染与浪费的警示为片头，切入“科学用水，和谐用水”主题。转而镜头拉入长沙县盼盼第二小学的教室里，志愿者们通过张贴横幅、课堂宣讲、观看视频、现场问答、手抄报等形式，向小学生宣传了世界水日、中国水周以及节水护水相关知识，唤起孩子们对水资源的危机感，使孩子们增强节水意识、践行节水责任，成为保护水资源的新生军。在孩子们一次次的踊跃举手中，我们看到了他们对于节水护水知识的渴望；在孩子们的朗朗宣誓声中，我们听到了节水护水的种子在幼小心田里萌芽的声音；在孩子们制作的一张张手抄报中，我们感受到节水护水意识深深扎根的力量。

《橘子洲头看伟人指点江山》拍摄地点在橘子洲，巧妙地融入了湖南的水乡特色，呈现出一种静谧而又充满激情的氛围。影片讲述了三位刚加入党组织的学生预备党员，怀着激动的心情，带着对党的热爱来到橘子洲头寻找青年毛泽东的事迹。他们去了诗词碑、“谁主沉浮”雕像群等，在橘子洲头与伟人事迹接触的过程中，在远望湘江北去的图景中，他们感受到了那种波澜壮阔的历史画卷，他们的内心充满了对党的敬仰和对未来的憧憬，他们从中感受到了如今幸福、美好与和平的来之不易，也更加坚定了自己的入党初心！他们决心要继承和发扬党的优良传统，为实现中华民族伟大复兴的中国梦贡献自己的力量！

《橘子洲头看伟人指点江山》微电影截图

通过微电影的拍摄和传播，与河湖相关的故事得以被更多学生知晓。这些微电影不仅吸引了大量学生的关注，更在社交媒体上引发了广泛的讨论和分享。这些微电影成为河湖文化的载体，让人们在欣赏艺术的同时，也能感受到河湖文化的魅力和价值。每一部微电影都如同一扇窗户，打开了人们了解河湖文化的视野，激发了他们对自然和环境的敬畏与爱护之情。随着这些微电影的传播，河湖文化逐渐成为校园内外热议的话题。越来越多的学生开始关注河湖生态、河湖相关的故事，在人与河湖之间建立起了割舍不断的纽带，为河湖文化的创新注入了新的活力。

水利建筑模型制作

为了进一步增强学生对中国水利工程建筑的认知，感悟中国水利建筑的“形美”和“工匠之意”，常态化举办水利建筑模型制作大赛，项目包含主题场景设计、拼装模型制作等。

水利模型建筑：韶山灌区飞涟灌万顷渡槽

这类大赛的举办不仅可以帮助学生深化对中国水利工程建筑的理解，还能激发他们对创新和设计的热情。参与者需要深入研究中国水利建筑的历史、技术、美学和工程原理，然后将这些知识融合到他们的模型中。这个过程本身就是一种深刻的学习和探索，可以让学生更好地理解水利建筑背后的工匠精神和创新思维。

其他水利模型作品

在主题场景设计环节，学生们需要发挥他们的想象力和创造力，设计出一个富有故事性和艺术性的场景。这不仅需要他们对中国水利建筑有深入的理解，还需要他们有一定的艺术素养和创意思维。在这个环节中，学生们可以通过亲手设计模型，进一步感受中国水利建筑的“形美”和“工匠之意”。

拼装模型制作环节则是对学生们动手能力和技术技能的考验。他们需要根据设计图纸，精确地拼装每一个部件，以制作出符合设计要求的模型。这个过程需要他们有足够的耐心和细心，同时也需要他们有一定的技术技能。通过这个过程，学生们可以进一步理解中国水利建筑的构造和工程原理，感受工匠们的精湛技艺和严谨态度。

创新赛道聚焦“水安全”主题，秉承可持续发展理念，注重节水优先、绿色生态、人水和谐及新技术的应用，围绕水资源利用、水旱灾害防御、水环境保护等进行实物作品的创新设计与制作。

总的来说，水利建筑模型制作大赛是一个集学习、探索、创新和实践于一体的活动。通过这个活动，学生们可以更加深入地了解中国水利工程建筑的历史、技术、美学和工程原理，感受工匠们的精湛技艺和严谨态度，从而进一步增强他们对中国水利工程的认知和理解。同时，这个活动也能激发学生们的创新精神和动手能力，为他们的未来发展打下坚实的基础。

“理润青年”河湖文化宣讲团

习近平总书记在党的二十大报告中强调：“全党要把青年工作作为战略性工作来抓，用党的科学理论武装青年，用党的初心使命感召青年，做青年朋友的知心人、青年工作的热心人、青年群众的引路人。”如何将党的青年工作做实做好，这是当前高校思想政治工作的重中之重。在这一背景下，湖南水利水电职业技术学院“理润青年”河湖文化宣讲团（以下简称宣讲团）应运而生，宣讲团的成立为青年学生提供了加强理论学习、进行理论宣讲的宝贵平台，他们充分发挥学生党员、积极分子在青年中的榜样引领作用，将学习党的精神，特别是习近平新时代中国特色社会主义思想的认识体会，与青年学生分享交流，带动青年学生进行深入学习，让青年发挥自身的力量，用青年去影响青年，给水院青年一个自我展示、自我管理、自我教育的舞台，育人成果丰硕。

经过不断实践、探索，“理润青年”河湖文化宣讲团已经成为学校“楚怡”水文化传承基地建设的文化品牌之一，并以志愿宣讲活动成功破圈，走进社区，下到乡村，让青年挺膺担当，服务社会发展。

宣讲视频《青年说》截图

宣讲团广受学校领导及师生的高度重视，聘请了光荣在党50年的老党员，校党委委员、宣传统战部部长，团委书记，马克思主义学院院长四位专家顾问，为宣讲团的宣讲筑牢理论基础。宣讲团所属建筑工程学院曾获全省高校党建工作“标杆院系”荣誉称号，学院党总支、学生党支部双双获得学校“先进基层党组织”荣誉，宣讲有底气、有支撑。宣讲团指导老师曾获得湖南省职业院校教师职业能力竞赛教学能力比赛一等奖、湖南省高校思政课数字化教学资源评选二等奖、湖南省高校辅导员工作研究与实践先进个人等荣誉称号，指导有高度、有水平。培育优秀青年宣讲员，让“校园榜样”成为理论学习

“代言人”。

宣讲团利用“三下乡”、社区学习中心等平台传播党的创新理论，在校内外取得了较大的影响。宣讲视频《青春说》上线湖南省直机关红色微宣讲平台展播，《榜样故事我来说》上线教育厅职业教育平台展播；“三下乡”实践活动被新湖南、三湘都市报、华声在线、中国教育在线、学习强国等校外媒体报道；举办的红色建筑模型比赛曾被学习强国、湖南省水利厅官网等媒体报道。宣讲团参与泉塘社区学习中心建设，多次走进社区开展思想宣讲、垃圾分类、普法宣传、青少年关爱等实践活动，覆盖人群千余人。

学水利、干水利、守水利。宣讲团成立以来，成员不断更迭，但不变的是他们对改善生态环境、唤醒公众节水护水意识、提高新时代水利青年责任意识的执着，他们将青春挥洒在水安全战略落实，建设生态中国的生动宣讲实践中，并取得了一系列的成果。“技能成才 强国有我”系列四个作品荣获省教育厅宣传教育活动三等奖，作品《吾辈青年心向党》荣获湖南省“党的二十大和我的人生路”青春使命教育演讲比赛三等奖，《楚怡精神，传承有我：未来工匠说》成功入选全国“大我青春”2022 暑期社会实践优秀作品。

6 湖南河湖沿岸 生态体验类资源应用

——在人生旅程中，每一次的经历，每一次的尝试，都是一次宝贵的体验。这些体验让我们成长，让我们更加了解自己，也让我们更加自信，明白自己的方向和目标。

学校落实立德树人根本任务，充分利用河湖沿岸的生态体验资源，着力构建“知识 + 技能 + 思政”三位一体的实践教学体系，在全方位的河湖生态、水利体验活动中开展思想政治教育、专业认知教育、科普教育等，让更多学生在亲身感受中，了解水生态文明知识、水利知识。

幸福河湖润三湘

绿水青山就是金山银山。2017 年，湖南省深入贯彻建设造福人民的幸福河湖的精神，聚焦重大水利工程及其周边河湖、大江大河大湖的生态保护和可持续发展，发出省总河长令并逐步建立了省市县乡村五级河长体系。2018 年，湖南省在五级河长制基础上建立了湖长制。近年来，通过全面深化河湖长制，湖南持续推进“从区域到流域、从大江到小河”的江河湖塘标本兼治与系统治理，取得显著成效。

为强化河湖长制，强化河湖管理和保护，促进河长、湖长主动作为、担当尽责，湖南省大力推进幸福河湖建设，在全国率先建立省市县乡村五级河长体系，从大江大河到小沟小渠、山塘水库，都有了守护者；创新“一办两员”（即河长办、河长办工作人员、护河保洁员）体系，打通河湖保护最后一公里；开展入河排污口排查、妨碍河道行洪突出问题清理整治、提升河湖管护能力等专项整治行动，聚焦解决群众反映强烈的河湖突出问题，全力推进河湖治理体系和治理能力现代化。力争把每条河流、每个湖泊建设成人民满意的幸福河湖，社会公众的水环境保护意识逐年提高，人民群众的安全感、获得感、幸福感不断提升。①

近年来，省河长制工作委员会办公室先后多次组织开展了“幸福河湖”评选活动，这些“幸福河湖”不仅展示了各地在河流湖泊治理和保护方面的

① 大湖之南：幸福河湖润三湘［EB/OL］.［2024-01-16］. 人民网，http：//hn. people. com. cn/BIG5/n2/2024/0116/c406226-40715656. html.

显著成效，也反映了公众对美好生态环境的向往和追求。评选活动旨在通过树立典型，激发全社会参与河湖保护的热情，共同营造水清、岸绿、景美的生态环境。这些“幸福河湖”涵盖了各种类型的河流和湖泊，既有大型的水域生态系统，也有小型的溪流和水塘。它们不仅为当地居民提供了优美的休闲场所，也成为城市发展的重要生态支撑。同时，这些“幸福河湖”的建设和管理经验也成为学校开展育人活动的重要资源。

圭塘河风光

2023 年，生态环境部公布第二批美丽河湖优秀案例，全国共挑选出 38 个案例。其中，长沙圭塘河入选，获得生态文明建设示范区、“绿水青山就是金山银山”实践创新基地等荣誉。作为长沙最长的城市内河，圭塘河从一条臭水沟蝶变成美丽河湖，成为长沙水环境质量改善、水生态保护修复助力高质量发展的一个缩影。

学校多次组织学生在圭塘河开展绿色生态体验活动，感受幸福美丽河湖的“颜值”。一是学习近年来长沙出台的治水条例、规划，如《长沙市湘江流域水污染防治条例》《长沙市湿地保护条例》《长沙市水污染防治行动计划》《长沙市“十四五”生态环境保护规划（2021—2025 年）》《关于全面排查“一江一湖六河”生态环境问题的工作方案》等，学习创建“幸福美丽河湖”体制机制。二是学习近年来圭塘河治理所采取的一系列措施，包括减少周边市场禽畜养殖、截污网管与智能分流井的建设、违章建筑拆除等，了解河道环境治理的过程。三是在羽燕湖段生态景观公园，感受河湖治理与生态环境的相互关联性，体验绿水青山给人们所带来的美好感觉，并学习水体内源污染生态自净功能的“食藻虫控藻引导水体生态修复技术”以及“以园建园、以园养园”的绿色水生态管理经验，践悟“人水和谐”的美丽图景。四是学生们还深入了解了圭塘河的水质监测工作，学习了如何通过科学手段对河流水质进行定期检测，并了解水质改善的标准和评估方法。这一实践让学生们更加认识到水质监测对于河流生态环境保护的重要性，以及他们自己在日常生活中的行为如何影响到水质的变化。五是邀请环保专家和志愿者为学生们开展环保知识的讲座，进行互动，让学生们从更专业的角度了解河湖治理和生态保护的重要性。参加这些讲座，学生们不仅学到了理论知识，还通过实际操作和互动问答，加深了对环保知识的理解，提高了应用能力。

在圭塘河开展绿色生态体验活动

通过这些绿色生态体验活动，学生们深刻感受到了幸福美丽河湖建设的重要意义，树立了为建设美丽中国贡献青春力量的决心，增强了保护生态环境的责任感和使命感。

除了圭塘河之外，湖南省内类似的生态体验活动区域和场馆还有很多，这些生态体验场馆和区域为公众提供了丰富多样的自然与水生态探索机会。例如，在湘潭市岳塘区建设有“河长制”主题公园，该主题公园位于区级河道——爱劳渠旁，设有河湖长制公示牌、河湖长文化长廊、滨水栈道、治水印章景观标识物、水资源与水利知识的宣传展板等，水净花香草绿融合的生态美景，为提高群众对河流水体的保护意识，让“绿色发展、人水和谐、高效节水、依法治水、科学治水”的理念深入群众心中，营造了良好的环境氛围。近年来，湖南省高度重视水生态环境建设，致力于推动水资源的可持续利用和生态环境的持续改善，通过生态补水、湿地保护、水生生物保护等措施，逐步恢复水生态系统的平衡，在水生态环境建设方面取得了显著成效。

湖南省内其他区域河湖生态体验场馆一览表

场馆名称	所在地区	相关河湖	生态成效
水文化园和水文化展示馆	浏阳市书香村	大溪河	尊重原有地形地貌，运用乡土生态材料建设节水示范菜地、古井、惊鸟器、脚踩水车、池塘生态跌水、植物净化科普六大节点，处处体现了水文化的特质
河长制主题公园	长沙县江背镇印山村	印山天玺湖	以天玺湖原有设施为基础，以市级小微水体管护示范片区建设为契机，对原有景观进行了整体提升和河湖长制文化植入，打造独具特色的治水人文景观。整个园区以观赏性、科普性为特色，围绕水文化元素，分为水系概况、河湖长制体系及知识、历代治水名人、天玺湖治水传说等板块，充分展示江背水系，河湖长制组织体系，河湖长制背景，河湖长制工作目标、举措和成果，科普水资源与水利知识，旨在提升人民群众知水、爱水、护水、惜水意识，引导民众参与治水、管水、节水、护水①

① 长沙县江背镇：打造新阵地，“河长制”主题公园亮相［EB/OL］．［2022-11-07］．长沙市水利局，http：//cswater. changsha. gov. cn/zw/qxdt/202211/t20221107_ 10889461. html.

续表

场馆名称	所在地区	相关河湖	生态成效
长沙县水·廉洁文化主题教育基地	长沙县	捞刀河	由水廉洁时间轴、水文化时间轴和景点小品三部分组成，将“公仪休拒鱼”“流水不腐，户枢不蠹”“廉泉让水”等廉政典故与警句，“大禹治水”“王景治河”“潘季驯治水”等水文化故事以浮雕、小品等形式融于景观之中，开展“随风潜入夜，润物细无声”的廉政文化教育①
松雅湖湿地公园	长沙县	松雅湖	具有湖泊、草木与森林沼泽、人工岛屿以及湖岸生态带等复合生态景观，是退田还湖工程实施成果和浅水湖泊湿地恢复重建的典型代表
靳江河水文化长廊	长沙市岳麓区	洋湖湿地公园段	以蓝色为主色调，以水花、浪花和波浪线条为造型，展示了水文化历史、河长制与水资源、防汛等科普知识
柳叶湖渔歌艺术营地	常德市武陵区	柳叶湖	以船为媒，以水为笔，以光为墨，让观众在诗词之美、音律之美、意境之美里穿行，通过情景化的创意、沉浸式科技，展示了渔村、渔业、渔民的“柳叶湖三渔”文化
湘江流域水文化走廊	湘潭水文站	湘江（湘潭段）	展陈面积近400平方米，分《走进湘江》《品味湘江》《点赞湘江》和《保护湘江》四个篇章，其中以湘江流域水文化展示为主线，集中展示湘江流域之貌、文化之美、治理之道
“大禹治水”文化景观长廊	衡阳	蒸水北堤	以绘画及文字为载体，讲述了“大禹治水”过程中发生的感人故事。全长共560米，通过10个经典故事章节的精彩展现，对大禹公而忘私的精神、忧国忧民的情怀进行演绎，每幅彩色壁画长10米、高3米，远观如同一幅美丽的治水画卷徐徐展开，让“大禹治水”文化，变得可触摸、可感受②

① 长沙县：水·廉洁文化主题教育基地启用［EB/OL］．［2020-7-13］．湖南省水利厅，http：//cswater. changsha. gov. cn/zw/qxdt/202211.

② 衡阳：“大禹治水”文化景观长廊亮相蒸水北堤，全长共560米［EB/OL］．［2022-11-17］．衡阳市人民政府．https：//www. hengyang. gov. cn/xxgk/zdlyxxgk/zdmsxx/szjs/20221117/i2849788. html.

续表

场馆名称	所在地区	相关河湖	生态成效
“守护好一江碧水”首倡地展陈馆	湖南省岳阳市君山区	洞庭湖	采取传统布展、多媒体、3D立体裸眼视频、沉浸式体验等多种方式展现生态文明思想，坐拥长江洞庭湖的生态底色，展示山水林田湖草治理成果和长江洞庭湖流域生态多样性保护，充分挖掘湖湘本土文化，展示“江豚的微笑、候鸟的欢歌、麋鹿的倩影”岳阳三张新名片，展示岳阳流水绕城、大江大湖的生态底色，是岳阳市首个生态文明建设展陈馆
江华瑶族自治县河长制主题公园	永州江华瑶族自治县	沱江	主题公园以科普性、观赏性为主，通过主题景观、河长制标语、休闲走廊等内容，图文并茂地展示了推行河长制的背景、江华水环境治理措施、河长制组织体系和工作职责等，让群众在潜移默化中接受河长制文化的熏陶，加深对水文化知识的理解，切身感受“河湖长制”带来的福祉，不断提升知水、爱水、护水、惜水意识，共享水生态文明建设成果①

水生态实践体验基地——酒仙湖

酒仙湖（酒埠江水库）位于湖南省株洲市攸县境内，酒埠江位于洣水支流攸水中游，属湘江—洣水—攸水脉络，酒埠江水库及灌区工程是株洲市境内最大的水利工程，它是一项以灌溉为主，兼具发电、通航功能的大型水利工程。拦河筑坝高达164米，正常蓄水量2.08亿立方米。

酒埠江水库修建于20世纪50年代末60年代初，当时中共攸县县委提出了引攸水济沙河的设想，决定在酒埠江镇筑坝，拦截攸水，以攸县为主联合醴陵修建一座大型水库，定名酒埠江水库。当地数十万的百姓投入水库和大坝（土石坝）修建中，打响了征服自然的攻坚战。当时财力物力十分匮乏，技术

① 江华：建设河长制主题公园 打造生态文明新样板［EB/OL］．［2023-09-21］．江华瑶族自治县人民政府．http：//www.jh.gov.cn/jh/bmdt/202309/aef0acfa8c31442593034595fe4720ff.shtml.

设备十分落后，建设者发扬愚公移山精神，更多地靠人肩挑手抬来完成这个工程，创造了豪迈中华力量改天换地的奇迹，[①] 形成了战天斗地、艰苦奋斗的精神，不怕牺牲、勇于担当的精神，团队合作、齐心协力的精神，这是一段光荣的历史，也是一座精神的丰碑。现如今，以酒仙湖为依托的人工湿地，与酒埠江大坝一起，共同谱绘一幅生态画卷。

酒埠江水库的绿色生态

酒埠江大坝与酒仙湖融为一体

① 沉浸式红色情景体验项目《筑梦 1958》，带您重温酒埠江大坝修筑历史［EB/OL］．［2021-07-05］．华声在线，http：//travel. voc. com. cn/news/202107/27956582. html.

酒埠江大坝与酒仙湖融为一体，大坝巍峨耸立，它的坚固与稳固守护着酒仙湖的宁静与和谐。它的存在不仅是一道风景线，更是水利工程智慧和力量的象征。站在大坝上，可以俯瞰整个湖面，感受酒仙湖的宽广与深邃。

实践教育活动

为进一步加强学生对人与自然关系的理解，增强他们的水生态保护意识，学校充分发挥水利行业优势，让学生在实践教育活动中接受水文化、水生态教育，加深对新时代水利精神的理解，牢固树立人与自然和谐共生的理念，学校与攸县酒仙湖教育基地签订了实践教育基地协议，并开展了实践教育活动。学生们参观了攸县酒仙湖的水利设施和周边生态环境，亲身感受到了水资源的珍贵和生态保护的重要性。他们听取了水利专家的讲解，了解了水资源的分布、利用和保护等方面的知识，深入了解了新时代水利精神的内涵和要求。

此次实践教育活动不仅让学生们对人与自然的关系有了更深刻的理解，也让他们更加珍惜水资源，更加关注水生态保护。同时，这也为学校开展生态文明教育提供了有益的探索和尝试，为培养新时代优秀的水利人才打下了坚实的基础。

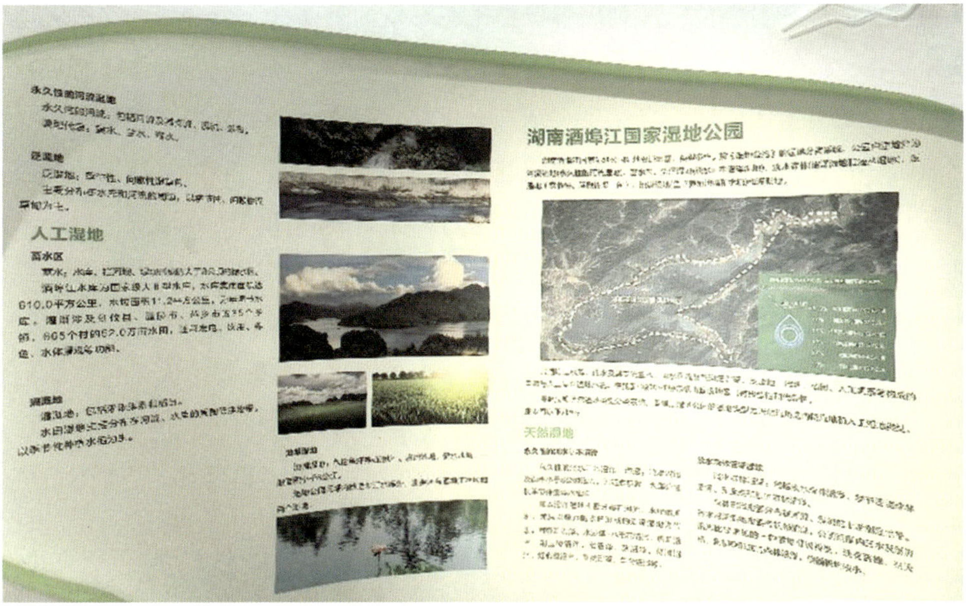

酒埠江国家湿地公园科普教育

酒埠江大坝修筑体验基地

在酒埠江实践基地，主要开展的育人活动有：参与树苗种植活动，体验了植树造林的艰辛与喜悦，深刻理解保护生态环境的重要性。参观酒埠江国家地质博物馆，该馆是一个以溶洞、地下河、天坑、峡谷、瀑布、古生物化石等地质遗迹景观为主体，融合自然景观和人文景观，兼备观光游览、度假休闲、文体娱乐、科普教育等多种功能的大型综合性国家地质公园。博物馆就是地质公园的一个缩小展示平台，通过学习，学生可以了解酒埠江的地形地貌，增长地质学基础知识，继而更加直观和系统地了解酒埠江的地质特点，提高对“绿水青山就是金山银山”理念的认识。

在湘赣攸县苏区革命历史展厅参观，学生们重温湘赣攸县苏区革命先驱的英勇故事，了解 1958 年攸县、醴陵数万儿女筑坝兴修水利的壮举。此外，还组织学生参与酒埠江大坝修筑体验教学，弘扬筑坝时期“愚公移山”、不怕牺牲、勇于担当、团队合作、齐心协力的精神，学生们肩担泥土、推车运土、打硪夯土，切身体验在没有机械、全靠肩挑手提的年代，修筑酒埠江水库的伟大，在实践中汲取奋进力量。

学生参与酒埠江大坝修筑体验

在体验教学过程中，学生挥汗如雨，紧密协作，不断克服困难和挑战，用实际行动诠释了团结协作、顽强拼搏的精神。学生们不仅深刻感受到了筑坝精神的内涵，更在实践中锤炼了自己的意志和毅力。他们学会了如何面对困难、如何团结协作、如何担当责任，这些宝贵的经历和品质将伴随他们一生。

在实地参观酒埠江水库大坝和酒埠江水电站时，设置了情景式教学，这种实地参观的教学方式让学生对水利工程有了更直观、更深入的理解，通过目睹大坝的雄伟壮观和水电站的繁忙运行，他们感受到了水利工程在国家经济发展中的重要作用，同时也意识到了保护水资源和生态环境的责任。在情景式教学的环节中，教师们根据酒埠江水库大坝和水电站的实际情况，设计了一系列问题，引导学生们进行思考和讨论。例如，他们提出了关于大坝建设的工程技术问题、水电站运行的经济效益问题以及水库对周边生态环境的影响等。学生们在小组内积极讨论，互相交流看法，共同寻找问题的答案。这种情景式教学的方式，不仅提高了学生们的学习兴趣和积极性，也锻炼了他们的团队合作和沟通能力。在解决问题的过程中，学生们不仅学到了专业知识，还培养了解决实际问题的能力。

酒埠江水电站实地参观学习

最美家乡水摄影活动

为了展示我国河湖沿岸多姿多彩的水景，传承我国河湖沿岸灿烂的水文化，弘扬我国河湖沿岸宝贵的水价值，激发大学生深沉的水情怀，增强大学生积极的水意识，多维度展现人水和谐的新风貌，特举办了最美家乡水生态体验活动。

最美家乡水生态体验活动是一次以水为主题，以摄影为载体，以文化为内核，以生态为导向的综合性活动。最美家乡水生态体验活动，一是可以让大学生认识到水资源的重要性和稀缺性，有利于增强大学生的生态环保意识，进一步保护水资源，实现水的绿色循环可持续利用；二是有利于丰富大学生与水资源相关的科学文化知识，让大学生们了解水与家乡文明的密切关系，知晓水与家乡发展的紧密联系；三是有利于促进大学生的水生态情感，让大学生体验水的美丽和舒适，激发对水的热爱和敬畏，形成对水的保护和珍惜。

最美家乡水生态体验活动是一项具有深远的育人价值和意义的活动，是一项有利于推动河湖沿岸育人资源挖掘与应用的活动，更是一项助力大学生全方位发展、开创高质量发展局面的活动。

最美家乡水生态体验活动面向全校所有学生开放，鼓励大学生结合寒暑期社会实践开展生态体验活动。活动吸引了数百名学生参与，汇聚了众多热爱摄影的学生，他们深入探究了家乡水的历史文化背景，展现了他们对家乡水域景观的深情。其影响力远超校园范围，激发了广泛的社会关注和讨论，成为增强生态环境保护意识和提升艺术审美水平的重要平台。这场大赛不仅是一次视觉艺术的盛宴，也是一次青年学子情感与责任的共鸣。

学生们提交的作品精彩纷呈，它们被划分为自然之美、人文之美、生态之美三大类别，每一类别都展现了水与我们生活的密切关系及其独特魅力。

自然之美类别的作品捕捉了水的原始美态，如山川湖海、江河湿地、瀑布泉水等。作品《西河镜影》，西河水面如同一面镜子，蓝天白云倒映水中，映照出天地间的和谐美景，同时岸边的山峦和树木为这幅自然画卷增添了生动的景色，悠然而美好。

作品《西河镜影》

作品《夕照资江》，它不仅呈现了江水在群山间静谧流淌的绝美场景，还传递了夕阳下河面的温柔光辉，营造出一种平和与宁静的氛围。

作品《夕照资江》

人文之美类别的作品展示了水与人类活动的和谐共存，如水乡风情、水上民俗、水利工程等。作品《青山映水电》，既展现了双牌水电站的宏伟与力量，又呈现了群山和碧水间自然与人工的和谐共存，希望传达对能源可持续发展和环境保护的深刻思考。作品通过细腻构图，将双牌水电站与周围环境的和谐关系展现得淋漓尽致，水电站的雄伟与群山的静谧形成了强烈的视觉冲击，此外，这幅照片也传达了能源可持续发展和环境保护的重要理念，它让我们更加深刻地认识到，只有在尊重自然、保护环境的前提下，人类社会才能实现真正的可持续发展。

作品《青山映水电》

宽广的水域上架起一座连接两岸的桥梁，桥上行人的生活动态，桥下船只的整齐排列，以及岸边民宅的和谐布局，共同构成了一幅充满生活气息和地方特色的画面。在《桥水人家》这幅作品中，每一处细节都透露着深厚的地方文化和独特的艺术韵味，桥梁的设计古朴典雅，每一块石头都经过精心雕琢，显得既坚固又美观。桥上，行人络绎不绝，他们的脚步声、谈笑声与水流声交织在一起，形成了独特的旋律，仿佛在向人们展示着水乡的宁静与和谐。阳光照耀在水面上，波光粼粼，犹如一面镜子，映射出蓝天白云和岸边的景色，美不胜收。在这里，人与自然和谐共生，传统与现代相得益彰。《桥水人家》不仅是一幅美丽的画卷，更是一首赞美生活、讴歌自然的动人诗篇。它让我们感受到生活的美好和家乡的温暖，也让我们更加珍惜和爱护这片美丽的土地。

作品《桥水人家》

生态之美类别的作品则关注了水生态系统的重要性和多样性，如水生植物、水中动物、水环境保护等。作品《肥源水生息》，不仅突出了肥源水库位居当地生态环境的中心地位，还体现了周围壮丽群山的环抱和水库边人家的恬静生活，同时也传达了水生态系统所孕育的丰富多样性。画面中央，肥源水库宛如一颗璀璨的明珠，镶嵌在群山之间。阳光照耀在水面上，波光粼粼，仿佛有无数的生命在其中跃动。周围山峦起伏，绿意盎然，仿佛是大自然的绿色屏障，守护着这汪碧水。而水库边的人家，则与这片自然和谐共处，享受着宁静而恬淡的生活。作品不仅展现了肥源水库作为当地生态环境中心的地位，更传达了水生态系统所孕育的丰富多样性。水面上，各种水生植物摇曳生姿，为水库增添了一抹生机，展现了人与自然和谐相处的理念。

作品《肥源水生息》

湘江，这条源自湖南蓝山的河流，宛如一条生命的脉络，横贯湖南的南部，一路向东，奔腾不息。沿途，她养育了无数的生灵，灌溉了广袤的农田，更以其源源不断的水量，滋养了湖南这片丰饶的土地。作品《湘江之源》中，湘江源头的涓涓流淌和水域周围绿植的生机盎然构成了一幅和谐美好的画面，湘江源源不断地滋养着湖湘整个生态体系，强调了水在维持生态平衡中的重要作用。在湘江源头，那涓涓流淌的溪水，清澈透明，宛如翡翠般碧绿，阳光透过树叶的缝隙洒落在水面上，泛起层层金光，美丽动人。这里的绿植茂密，种类繁多，生机勃勃。每一片叶子都充满了生命的活力，每一朵花都绽放着绚烂的色彩。湘江的存在，不仅为湖南的生态环境提供了强大的支持，更让我们明白保护水资源的重要性。

作品《湘江之源》

通过学生的体验反馈，可以发现此次最美家乡水生态体验活动切实有效助力了大学生的全方位提升和发展。在认知层面，活动鼓励学生深入研究和探索家乡的水资源及相关知识。通过生态体验，理论联系实践，大家在深入观察自然的时候了解和理解了更多有关水资源及生态系统的科学知识。正是这种知识的提升，能够使大学生们更加专业地参与到水资源保护的讨论和实践中去。在情感层面，活动唤起了大学生对家乡水域的深厚情感。他们通过镜头记录下家乡水域的每一处细节，这些图像不仅是家乡美景的再现，更是对家乡生活的深深的眷恋。这种情感的培养，为未来大学生积极投身水资源保护工作奠定了坚实的情感基础。在行为层面，活动激励学生将所学知识和深厚情感转化为实际行动。许多学生在参与此次生态体验活动之后，开始主动参与到清理水域垃圾、宣传水资源保护知识等志愿活动中。这些行动不仅有助于改善家乡的水环境，也展现了新时代大学生的社会责任感。

家乡水，是我们的骄傲，更是我们的责任。最美家乡水生态体验活动将持续开展下去，希望能够通过活动唤起更多大学生对水资源的关注和珍惜，倡导更多大学生参与水资源的节约和保护行动。让我们用心感受水美，用行动传承水美，用智慧创造水美，为建设水美家乡、水美中国、水美世界而努力奋斗！

7 湖南河湖沿岸育人资源的数字化应用

——数字技术赋能课程教学改革已成为新的教育发展趋势，它正在改变传统的教学模式，为教育带来了更多的可能性。数字化技术不仅为教师提供了更多的教学资源和工具，还为学生提供了更加个性化、多样化的学习体验。

学校全力推动教育数字化，实现了从资源数字化阶段到全面数字化阶段再迈入数字赋能阶段的璀璨升级，见证学校数字教育水平和师生信息素养的大幅提升，推动了学校高质量发展，增强了服务社会的能力，培养了一大批数字化的高素质大禹工匠。

河湖沿岸育人资源的数字化应用背景

网络技术和信息技术正在引发一场新的技术革命，其影响之广、之深、之大，前所未有，教育也不例外，也被卷入其中，在技术驱动下，正在悄然发生着形态变化与结构重塑，呈现出偏向智慧、科技的新特点，在形式、内容、结构等方面更加复杂。从简单的信息检索到多媒体教学工具，再到虚实互联的直观体验平台以及大数据平台的应用，教育数字化不仅注重解决效率问题，还促成了教育效益的实现。

学校应邀在高等教育数字化发展大会上作交流发言

党的二十大报告提出：推进教育数字化，建设全民终身学习的学习型社会、学习型大国。这为推进教育数字化、塑造新的教育形态指明了方向。教育数字化是基于数字中国建设快速推进的基础上，在教育领域提出的改革新理念、新思路，是推进教育信息化、智能化发展的新举措。与时俱进地重塑人才培养新生态，加强人才培养的数字化，是适应教育数字化发展转型的需要，更是促进学生自身成长、培养终身学习意识的必然选择。作为教育数字化的参与者、推动者和受益者，学校要尽可能地多为学生提供数字化的学习资源，促进数字化转型从技术层面向人才培养层面的落地，建立起适应未来教育数字化的价值走向。美国教育部早在 2012 年就发布了与教育数字化相关的报告——《提升教与学：教育数据挖掘和学习分析报告》，旨在“通过提升教育数据挖掘技术和学习分析技术，改变教与学的方式，实现教与学的提升与发展”①。

未来数字化教育的发展必然会创造出新的学习环境，这种环境可能是以学习者为中心，呈现出数字虚拟与现实融合的新特征。对于未来学习者而言，深化技术应用是必然趋势，包括对新形态数字教材的掌握，对线上线下融合的教学新样态的适应，对动态的、智慧的教育评价的接受，对交互式合作学习的关注等。总体来说，学习者就是要掌握数字化学习方式，在利用数字化学习工具的基础上，学会创造性地提升学习效果。以数字化教材为例，无论是在形式上还是更新速度上，数字化教材更注重多媒体技术的应用体验，为此，学习者除了要关注常规的阅读和练习，还要学会利用学习平台或终端开展包括倾听、观察、对话、交流、分享等在内的多维度、多层次的高效互动。

发展数字教育，推动教育数字化转型是深入学习贯彻习近平总书记关于教育重要论述的必然要求，是顺应新一轮科技革命和产业变革的必然选择；数字化转型为高等教育创新路径、重塑形态、加速发展提供了新的重大机遇，也带来了新的挑战；数字教育的发展重在应用为王、服务至上，通过教育数字化转型有力支撑线上线下混合式教学、精准助力教育评价改革、强力驱动国际教育合作、高效赋能高等教育治理；加快数字化转型，应做到“超前识变、从容

① 庞敬文，赵琳. 大数据下数字化学习环境的变革与趋势［J］. 中国信息技术教育，2015（20）：86-90.

应变、主动求变”，通过统筹推进、数据驱动、融合创新的方式，完善顶层设计、实现信息与管理服务深度融合、推动教育教学创新发展，努力为师生打造更加舒适的教育环境。

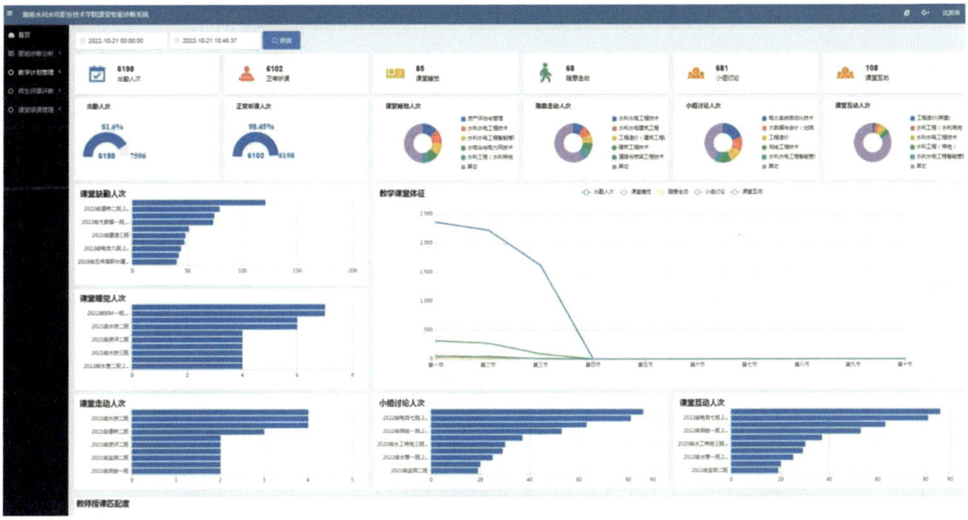

课堂智能诊断系统

湖南拥有丰富的河湖资源，其河湖文化历史悠久、底蕴深厚，过去，这些资源受到地域、时间、载体等因素的限制，利用率较低。如今，通过数字化技术的赋能，河湖育人资源得以跨越时空的限制，以全新的形式呈现在广大师生面前，为课程教学改革注入了新的活力。

首先，数字化技术为河湖育人资源赋予了更广泛的应用场景。在传统的教学模式中，河湖育人资源受限于地理位置，很难在短时间内覆盖到全国各地的师生。而通过数字化技术，河湖育人资源可以以图像、视频、虚拟现实等形式在线传播，让师生都能够便捷地获取这些资源，师生可以通过数字化平台随时随地进行学习，丰富学习视野，拓宽知识面，提升综合素质，激发学生的学习兴趣和动力，提高教学效果和学习质量。

其次，数字化技术丰富了河湖育人资源的表现形式。传统的河湖育人资源主要以文字、图片等形式存在，较为单一。而数字化技术可以为河湖育人资源注入更多的表现形式，如虚拟现实、增强现实、动画等，使资源更具吸引力，为地方文化的创新和发展提供新的思路和手段，推动文化产业的繁荣和发展，提升师生的学习兴趣。

最后，数字化技术还有助于推动河湖育人资源的实时更新。随着科技的发展，数字化技术可以实时采集、处理和更新河湖育人资源的信息，使资源保持与时俱进的特点，为课程教学提供最新、最全面的资料。河湖育人资源的数字化开发利用，不仅拓宽了师生的视野，提升了教学质量，还为我国教育发展带来了新的机遇。教育部门应继续加大数字化技术的应用力度，推动河湖育人资源的深度开发，为培养更多高素质人才助力。

总之，数字化技术为河湖育人资源带来了前所未有的发展机遇，为课程教学改革注入了新的活力。在未来的发展中，我国应继续深化数字化技术在教育领域的应用，充分挖掘和利用河湖育人资源，助力教育现代化进程。

湖南水情数字博物馆

从 2021 年至 2023 年，学校积极开展挖掘湖南河湖育人资源，建设湖南水情数字博物馆，该馆可供全国水利职业院校师生、中小学生及社会大众使用，主要功能体现在保护水利行业历史遗产、传播水利科技知识、弘扬水文化，可向广大师生及社会大众展示水利行业的发展历程、建设成效、发展前景、典型工作岗位及工作场景，普及水状况、水政策、水法规、水常识，传播水文化，弘扬水利精神，促进全社会对水利行业和水利工作的了解，主要分为水利行业历史馆区、水利行业产品馆区、水利行业企业馆区等几大馆区。

湖南水情数字博物馆水利行业历史馆区主要介绍水利行业发展简史，包括中国水利史和湖南水利史两条主线，按照时间脉络分阶段组织内容，凸显历史标志性事件、标志性产品、标志性技术等，呈现水利行业发展脉络。中国水利史主要分为七个阶段，即初步发展期、以黄河流域为主的发展期、向淮河流域发展期、黄河流域恢复及江淮持续发展期、以长江流域及其以南为主的发展期、普遍恢复及衰落期、全面繁荣期。

湖南水情数字博物馆

湖南水利史主要分为五个阶段，包括：新民主主义革命以前；新民主主义革命时期；社会主义革命和建设时期；改革开放和社会主义现代化建设新时期；中国特色社会主义新时代。洞庭波涌连天雪，长岛人歌动地诗，新中国成立至今，湖南水利事业的发展成就，堪称三湘大地上最显著的变化之一，站在最新的历史节点回望湖南水利发展历程，更能让人受到思想触动。

水利行业历史馆区

湖南水情数字博物馆水利行业产品馆区主要展现水利行业的典型工程，对典型水利工程的外观、内部构造、特性及工作原理等方面进行动态直观的展示，让用户更全面地了解水利工程，同时可以对接服务于水工建筑物等专业核心课程教学。

为了更好地展现中国水利工程的发展脉络和地域特色，场馆展示内容采用双主线结构，即场馆分为国家和湖南省两条主线进行介绍。国家层面介绍长江三峡、灵渠、京杭运河、都江堰、南水北调等全国著名的典型水利工程，湖南省内主要介绍“湖南之最”典型水利工程。

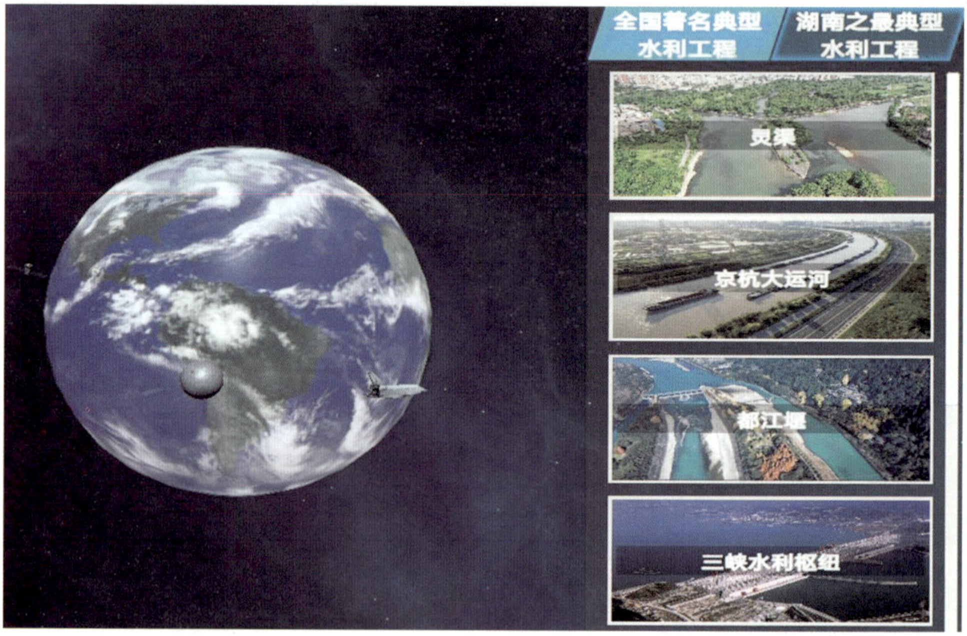

水利行业产品馆区

在湖南省内最典型水利工程板块中，选择了东江湖大坝、五强溪水电站、江垭水利枢纽、凤滩水电站、近尾洲水电站等作为数字化育人资源应用点位，其中，东江湖大坝是我国自行设计建造的第一座双曲薄壳型拱坝，位于湖南省郴州资兴市，在亚洲同类坝型中排名第一，被誉为亚洲第一坝。江垭水利枢纽工程位于湖南省张家界市境内的澧水支流溇水中游，大坝坝址在张家界市慈利县江垭镇上游5公里处，是国家“九五”重点工程项目。人们通过在线方式，学习这些典型的水利工程的基本情况和实景图片，更能直观地建立起立体知识体系，同时，也能感受到大坝、水电站等水利工程的宏伟庞大，水利大国工匠的自信油然而生。

省内著名水利工程：东江湖大坝

水利行业体验馆

湖南水情数字博物馆水利行业体验馆区包含水资源管理与水生态修复、水利工程勘测与设计、水利工程施工与检测、水利工程造价与监理、水利工程智能运行管理与维修养护（含防汛抢险、高效节水）等典型工作场景。通过虚拟仿真、互动游戏、视频、动画等技术手段，展现水利行业的典型工作岗位和典型工作场景，让线上用户可以直接虚拟体验工作过程，了解工作流程，提高和激发用户对水利专业方向的学习兴趣。同时服务于水利工程专业核心课程教学和实训。

湖南水情数字博物馆的水利行业文化馆区是一个系统展示水利文化传承与发展的综合性展区，通过四大主题板块构建起立体化的水文化传播体系。在精神文化区，集中展示了中国水利事业的三大精神瑰宝：以“万众一心、众志成城”为核心的抗洪精神，诠释“自力更生、艰苦创业”内涵的红旗渠精神，以及体现“忠诚、干净、担当”核心价值的新时代水利精神。这些精神财富通过多媒体互动装置和实物展陈相结合的方式生动呈现。

水利行业文化馆区

制度文化区聚焦水利治理现代化进程，重点展出《“十四五”水安全保障规划》蓝图文本，详细解读湖南省“一江一湖四水”联动的水安全战略实施路径，并系统展示《湖南省水旱灾害防御工作二十条措施》的技术规程。该区域特别设置政策查询终端，可实时调取《中华人民共和国长江保护法》《湖南省洞庭湖保护条例》等法规文件；人物事件区构建了跨越时空的水利人物长廊，从古代大禹治水、李冰筑堰等历史故事，到现代“长江之子”郑守仁院士主持三峡工程设计的事迹展，再到“时代楷模”余元君同志守护洞庭湖的实物遗存。区域还设有“首届湖南十大工匠”专题展，展示湖南水利人的技术创新成果；水利特色读本区陈列着系列原创出版物，包括记录32位先进典型的《湖南省践行新时代水利精神优秀人物事迹汇编》，反映基层水文工作的纪实文学《出彩水文人》，弘扬水利职业精神的《都有一颗红亮的心》，以及《水利职业素养》《水安全概论》等专业教材。该区域配备电子阅读终端，可查阅全球水利工程数据和前沿技术文献。

湖南水情数字博物馆水利行业企业馆区主要展示水利行业产业发展现状，在介绍水利产业链的企业分布情况的基础上，按水资源保护类、规划设计类、施工检测类、项目管理类、运行管理类等五个类型选取在湘大型深度合作企业、有影响力的典型企业，按照大致统一的方式分别介绍核心企业的发展背景与现状、业务范围，与水利岗位紧密联系的核心技术与发展趋势等方面的内容。

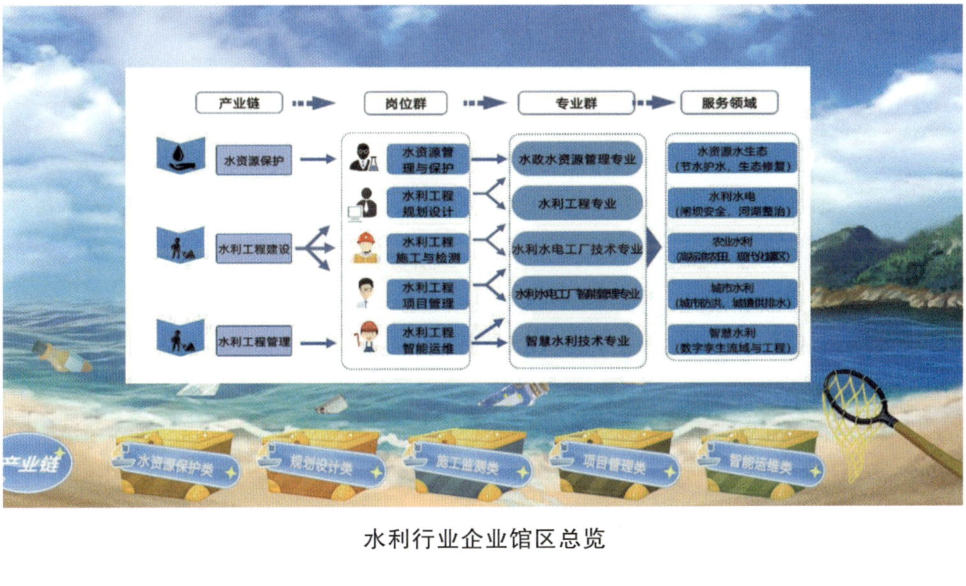

水利行业企业馆区总览

在水资源保护类、规划设计类、施工检测类、项目管理类、运行管理类等板块中，收录了湖南省内著名的企业，如在水资源保护大类中，就包括了长沙水业集团有限公司、湖南省和清环境科技有限公司、湖南省鑫泰环保科技有限公司等；在规划设计类中，收录了中南勘测设计研究院有限公司、湖南省水务规划设计院有限公司、汇杰设计集团股份有限公司等。学校与这些单位积极开展合作，组建了湖南水利职业教育集团，整合教育资源，形成整体优势，增强总体实力，服务经济与社会发展。通过校企合作，优化资源配置，形成以职业教育院校为主体、以企业和行业为依托的多层次、立体化办学体系，针对专业设置、专业培养目标、教学计划、质量考核标准、实训基地建设、实训管理、技能考证等有关人才培养的事项进行研究，实现资源共享，整体提高职业院校适应市场的竞争力，群体优势、组合效应和规模效应逐年彰显，为湖南省经济与社会发展提供了重要的支持，作出了一定贡献。

规划设计类企业名录

湖南水情线上导览馆

学校坚持线下与线上相结合，将线下水情馆①通过数字化技术，迁移到网

① 场馆是在2023年11月26日正式开馆的，展馆共630平方米，以声光电结合、场景再现为主要形式，包括序厅和湖湘之水、三湘四水、中流击水、上善若水、青山绿水五个篇章。

络，实现了实体场馆与虚拟场馆育人相结合，为学生们提供了一个全面、立体、高效的学习环境。在实体场馆利用方面，学校积极组织学生参观水情馆，让学生们直观地了解水资源的珍贵和水患的危害，通过现场观摩、实地考察等方式，学生们深入了解了湖南省水资源的分布、开发利用、保护等方面的知识。在虚拟场馆中，学校搭建了丰富的线上教育资源，包括水域科普知识、水资源管理案例、水文化等内容，让学生们在课堂之外，随时随地都能进行自主学习，这一创新举措，不仅拓宽了学生的学习渠道，提高了教育教学质量，还培养了学生们的创新精神和实践能力。

水情馆开展线上、线下混合教学

为了激发学生们的学习兴趣，学校还开展了线上线下相结合的实践活动。例如，组织学生们参加“虚拟水情考察”，让学生们在虚拟场景中体验水资源调查的过程，提高他们的实践能力。同时，学校还鼓励学生们参与线下的水资源保护活动，如节水减排、河湖保护等，将理论知识运用到实际中，培养他们的社会责任感和使命感。在教学过程中，教师充分利用线上线下相结合的方式，开展混合式教学，将课堂教学与网络研讨、实践操作相结合，引导学生主动探究、合作学习，通过这种教学方式，学生们的水资源素养得到了全面提升，育人成效凸显。

序厅以习近平总书记的“十六字”治水思路开篇，展馆最后以习近平总书记“守护好一江碧水”的殷殷嘱托结尾，前后呼应。五个篇章分别展示了“水与文明”、湖南的地形地貌和河湖水系、湖南的治水历程及治水成就、江河湖泊的红色记忆、湖南省水安全战略规划等内容。

场馆内还设有沉浸式体验区，采用投影技术展示 20 个重点水利工程，参观者可以坐着游船感受湖湘水美画卷。在互动体验区，可以测试人体水含量，查询水利法规，游览湖南水情数字博物馆。通过“霍格沃茨墙”的互动体验了解一杯水的诞生，还有“骑单车追赶‘最后一滴水’”，互动答题等，增强了展馆的趣味性，寓教于乐，寓学于乐。

线上导览馆互动展区

线上虚拟博物馆能够突破时间和空间限制，不受多类因素干扰。线上与线下互动融合，已成为未来学校开展教育教学的发展方向。将湖南河湖育人资源转化为学校教育教学资源，正是将河湖场馆“用”起来，让河湖文化“活”

起来，弥补了传统课程教学的局限性。

除此之外，为服务湖南省水安全战略，广泛深入开展湖南水情宣传教育，引导师生不断加深对湖南省本土水情的认知，增强师生水安全、水忧患、水道德意识，学校依托湖南水情教育馆，组建教师团队，按照“传承+普及”的教材编写思路，以习近平新时代中国特色社会主义思想为指引，紧紧围绕“水安全”主题，开设了融合科学探索、艺术审美与节水教育于一体的公共必修课，激励学生担负起治水兴国的历史责任。课程采用线上线下相结合的方式，线上通过网络平台提供丰富的教学资源和预习材料，包括视频讲座、电子书籍、案例研究等，帮助学生建立基础理论知识框架；线下则依托湖南水情教育馆的实体空间，通过现场教学、实地考察和互动体验，加深学生对水安全问题的理解和认识，如“水与文明”模块引导学生思考水在人类文明发展中的作用，有力提高了学生参与水资源节约、水生态保护、水环境治理、水灾害防范的能动性，寓教于乐的方式获得了学生的高度认可。

线上导览馆文化展区

河湖育人资源数字化教育应用前景

数字化转型已成为我国经济发展转型的主流趋势，社会进入到数字经济时代已成定局。《“十四五”数字经济发展规划》提出到2025年，我国数字经济核心产业增加值占GDP比重达到10%。① 因此，为了更好地适应数字经济高质量发展对技术技能人才的需求，未来教育需要加强数字化教育教学，赋能传统产业数字化转型升级。

易班工作室

继续丰富河湖育人资源的数字化升级，提升水利人才培养的智慧水利素养与技能。2021年，中国网络安全和信息化委员会印发《提升全民数字素养与技能行动纲要》，指出“数字素养与技能是数字社会公民学习工作生活应具备的数字获取、制作、使用、评价、交互、分享、创新、安全保障、伦理道德等

① 国务院. 国务院关于印发《“十四五”数字经济发展规划》的通知［Z］. 国发〔2021〕29号.

一系列素质与能力的集合”①，明确了我国公民数字素养和技能的基本内容，为学生数字化学习能力培养指明了方向。第一，要充分发挥好第二课堂以及学生社团的作用，开展面向不同专业、年级学生的数字化素养与技能培训，如组织开展数字教育大讲堂活动等；第二，要依托已有的校园易班工作站、网络工作室、融媒体中心等平台，吸收学生作为工作人员，为学生提供数字参与和锻炼的机会，如湖南水利水电职业技术学院建设了高水平专业群、教学资源库、依托教育部认定的水利科学协同创新中心作为专业群建设平台，并通过网络平台的展示与分享，推动了湖南河湖沿岸育人资源在更大范围内的宣传共享，助力共享机制的建设；第三，创设数字素养竞赛活动，通过比赛提高学生对数字素养与技能的认识；第四，合理利用社区、企业、行业等数字化教育资源，拓宽学生数字素养教育的场域。

教师参加信息素养大赛

继续强化河湖育人资源的数字化学习资源支撑。积极开展智慧校园建设，

---

① 提升全民数字素养与技能行动纲要［EB/OL］．［2021-11-05］．中华人民共和国国家互联网信息办公室，https：//www. cac. gov. cn/2021-11/05/c_1637708867754305. htm.

为学生数字化学习提供优质的环境。除了要完善必要的数字化硬件设施和智能化系统之外，还要用好用活国家职业教育智慧教育平台，丰富学生数字化学习场景，厚植职业教育数字化土壤。要发挥图书馆在聚合数字化学习资源中的作用，引进新技术、新设备，整合校内外优质学习资源，建立学生乐意选择的校内数字资源中心平台，并努力使之成为“实体空间、虚拟空间和智慧空间的结合体”①。积极与抖音、快手、B 站等学生活跃度较高的网站开展合作，引入或联合开发既符合学生学习特点又能契合价值引导和技能培育的数字化教学资源。

继续在相关的数字化课程建设中嵌入河湖育人资源。将数字素养融入人才培养体系之中，对于帮助学生自信地使用数字技术，掌握批判性地检索和利用数字资源的技能、自由且安全地参与数字社会活动意义重大。这一过程中，开发和建设数字化相关课程是关键。要构建数字化素养为导向的专业课程，尤其要开发可听、可视、可练、可互动的场景化数字专业课程和数字孪生技术专业课程，围绕数字的应用来实施教学，让学生进入到沉浸式的学习状态，用实践的方式来提升教学质量，有效激发学生学习的主动性。②

继续提高教师数字化教学素养。习近平总书记曾指出：“要给学生一碗水，教师要有一桶水，现在看，这个要求已经不够了，应该是要有一潭水。”学生数字化学习能力的培养离不开一支具备较高数字化教学素养的教师队伍，一方面，要加强教师数字化教学相关知识和基本技能的培训，夯实包括数字化教学意愿、数字化教学思维、数字化教学安全、数字化教学策略等在内的基础性素养；另一方面，要提高教师运用数字化软件或平台开展学情分析、教学设计、教学评价，创设数字化学习环境的能力，鼓励教师积极开展数字化教学应用，为学生接触数字化学习、感知数字化学习、接受数字化学习、融入数字化学习创造教学相长的条件。

构建数字化学习评价体系。数字化技术进一步明确了学生在学习中的主体

① 李德智，朱诗尧．大数据时代下的城市精细化管理［J］．现代管理科学，2018（12）：30-32.
② 陈艳芳．大学生数字素养教育的价值、目标与实践路径［J］．数据，2022（04）：72-74.

地位，教师应积极探索个性化评价模式，依托具备数据自动采集功能的数字化系统，构建以鼓励学生自主开展数字化学习为导向的评价体系，将学生自主开展数字化学习的时间、在线话题讨论情况、线上任务完成情况、学习进度调整情况、数字化资源收集情况、数字化学习平台注册和使用情况、学习体验情况等逐一进行记录，并形成能够反映学生数字化学习过程的多源数据，检验学生数字化学习能力培养的具体效果。

湖南河湖沿岸育人资源的数字化应用是数字化赋能课程教学改革的一个缩影，它展示了数字化技术在教育领域的巨大潜力和广阔前景，随着技术的不断进步和创新应用的深入探索，数字化教育将更加成熟和完善，为教育教学改革注入更多动力。同时，我们也需要思考如何在数字化教育的过程中保持教育的本质和人文关怀，让技术在服务教育的同时不失去教育的温度和深度。

后记

湖南水利水电职业技术学院作为水利类高职院校，近年来一直以习近平总书记关于青年工作的重要思想为根本遵循，将水文化育人作为重要抓手，从满足青年学生的认知需求、审美需求、认同需求、实践需求出发，用好青年语言，创新面向青年群体的表达形式，让水文化在水利青年学子中得以更好地传承与弘扬。

1. 转变水文化的宣讲方式，不断满足青年认知需求

坚持从学生中来，到学生中去，围绕"新时代水利精神"的弘扬与传播，将理论阐释的重点与学生身边事、身边人等结合起来，积极探索与青年话语体系衔接的方式方法——"1135"法，即"组织一支青年学子宣讲队伍，以讲好水文化故事作为一条线，采用青年人愿意听、听得懂、能记住的语言作为载体，推动形成理论主题化、主题故事化、故事人物化、人物演绎化、演绎细节化"，增强学生代入感，让青年知其义、知其然，更知其所以然。

2. 创新水文化的呈现形式，不断满足青年审美需求

网络是当今青年学生活跃度最高的场域，利用网络传播水文化是时代的需要，是青年成长的需要，信息化时代的到来，为水文化的创新传播提供了源源不断的内生动力。学校在2021年，以水滴为原型进行设计创造，

以蓝色为主色调，将传统文化中的上善若水和现代爱水、节水、护水理念相融合，精心包装，打造符合青年审美观的漫画作品，设计并推出网络卡通人物“水宝”，先后开展了“带着水宝去打卡”网络节水护水打卡、水宝说“水安全战略”系列漫画创作、水宝说“新时代水利精神”、水宝说“党史故事”等活动，推出水宝节水护水、清廉校园建设等专属表情包，制作水宝文创产品，以视觉化的卡通形象包装与青年大学生“对上眼”，嵌入到青年大学生的话语体系之中，打通与青年大学生交流的网络渠道，将“有意义”的水文化育人做得“有意思”。

3. 线上线下教育融合互动，不断满足青年认同需求

学校重视学生的校史、河湖史教育，以水文化的历史感来提升学生认同感。一方面，学校积极开展校园水文化专题研究，梳理水利教育事业发展脉络和水利教育大事件，丰富学院《校史志》内容，加强学院校史馆建设，构建完善的校史校情宣传教育体系，深度挖掘校训、校歌、校园建筑等所蕴含的精神内核，开展校史主题教育，使之内化于心、外践于行，真正成为学校师生凝聚价值认同、立身处世、成长成才的精神引领；另一方面，推进湖南水情教育馆建设，通过展板、模型、沙盘、实物、视频、动漫、多媒体演示系统、互动体验设施等多种形式展示设计的一序五篇章内容，集知识性、趣味性和互动性于一体，让学生在体验感悟中引发情感共鸣，增强对建设美丽河湖、幸福河湖以及守护好一江碧水的湖湘自信。

4. 做好第二课堂平台搭建，不断满足青年实践需求

学校充分发挥获得中国青年志愿服务项目大赛金奖的“水育潇湘”节水护水志愿服务项目的带动示范作用，积极推进“饮水思源”“我是河小青”“河长制调研”等志愿服务项目的孵化，拓展服务范围、形式、载体，扎实开展巡河护河、水质监测、水文化普查、农村安全饮水等工作，创新水文化传播的服务表达，组织上万名师生参与其中，引导广大青年学生志

愿者助力守护好一江碧水，得到社会各界一致好评。

总之，尊重青年学生的主体作用和主体地位，真实掌握大学生对水文化传播的所思、所盼、所需，是新时代围绕立德树人根本任务开展好水文化育人工作的逻辑起点和根本前提。

近些年学校通过对水文化育人的青年话语表达的探索与实践，总结启示如下：积极构建“大思政”育人格局，促进青年学生成长成才成功。高职水利院校要充分发挥自身优势，用好河湖育人资源，构建起全员协同、全资源协同的大思政格局，例如在开展节水护水等志愿服务活动中，专业课教师、辅导员、校外指导教师等都是重要的育人主体，只有将三者联合为一体，才能更好地满足学生参与志愿服务过程中的“知识技能需要”“思想准备需要”“平台载体需要”，从而能够更好地提高青年学生的参与度、认知度和获得感，青年学生的话语表达体系也才有可能在这种层层重视、人人参与、有所收获的良好氛围中得以形成。挖掘学生中的榜样人物和群体，提升青年学生的自我价值感。每个人的价值都存在于被肯定、被认可的过程中，学生中的榜样人物和优秀群体是青年学生开展自我教育的参照，青年更懂青年，青年更理解青年，从“青年本位”的视角出发，通过“让青年人讲给青年人听”的宣讲形式、“让青年人画给青年人看”的漫画创作形式，更能够引起其他青年学生的共鸣，更能够契合其他青年学生的心理，从而促成水文化育人传播主体和接受主体的双重身份认同。充分利用新兴的网络技术手段，尊重青年学生的信息认知习惯。当代青年学生作为伴随互联网发展而长大的一代，也被称为“Z世代”或“网络原住民”，主旋律、正能量的内容需要通过网络技术手段，改变传统的呈现方式和表述方式，用青年学生喜欢的图文、短视频等方式进行传播，用他们听得懂的“接地气”的话语传播，也就是要“说青年学生说过的话、用好青年学生身边的事”，与时俱进地创新水文化传播和育人工作的网络表达。